KB140238

교육소외 극복을 위한

교육복지와
학교혁신

교육소외 극복을 위한

교육복지와
학교혁신

김인희 지음

　　20년간의 교육행정공무원과 15년간의 교육정책전문대학원 교수
직을 통해서 형성된 나의 주된 관심은 <교육복지>와 <학교혁신>이
었다. 두 영역은 일견 연관성이 적어 보일 수 있으나 내 생각으로는
불가분의 관계에 있으며 특히 우리나라에서는 더욱 그러하다고 생
각한다. 두 영역은 '소외'라는 현상을 근저에 두고 있다는 점에서 서
로 연결되어 있다. 교육복지는 교육소외를 극복하고자 하는 노력이
며, 학교혁신의 핵심과제는 학교조직 속의 소외현상을 극복하는 것
이기 때문이다.

　　교육소외는 학습자가 학습 기회로부터 소외되는 것으로 학교조직
에서 나타나는 소외현상 중 가장 핵심적인 것이라고 할 수 있다. 이
러한 교육소외 현상을 외면하고 학교혁신을 말하는 것은 어불성설
이며, 교육소외를 극복하고자 하는 교육복지는 당연히 학교혁신의
중심에 자리하여야 한다. 또한, 학교혁신을 통해 극복해야 하는 학
교조직 내 인간소외 현상들은 크게 또는 작게 교육소외 현상에 영향
을 미친다. 즉, 교육소외 현상을 효과적으로 극복하기 위해서는 학
교혁신이 제대로 이루어져야 한다는 것을 의미한다. 결국, 교육복지
와 학교혁신은 떼어서 생각할 수 없는 긴밀한 관계를 지닌다고 보아
야 한다.

이 책은 교육소외가 우리 교육이 안고 있는 가장 핵심적인 문제라는 인식을 바탕으로 교육소외를 극복하기 위한 노력으로서 교육복지의 의미를 살펴보고, 교육복지를 실천해야 할 중심 기관인 학교의 요건과 혁신 방안을 제시하는 데 목적이 있다. 내용은 두 부분으로 나누어 제1부는 문제 제기, 제2부는 대안 제시를 중심으로 다루었다. 제1부에서는 먼저 교육복지의 의미와 중요성을 살펴보고 교육복지의 대상인 교육소외 현상의 유형과 사례, 원인을 고찰하였다. 특히 학교 교육에 내재하는 교육소외의 발생 원인을 집중적으로 다루었다. 제2부에서는 교육복지 실현을 위한 교육의 조건과 이를 위한 학교변화의 속성과 과제를 살펴보았다. 특히 교육복지 실현을 위한 학교 조직문화의 변화 방향을 고찰하였다. 마지막으로 학교의 교육복지역량을 제고하기 위한 방법론적 과제를 제시하였다.

이 책은 필자의 교육행정 경험과 이후 교수로서 발표한 논문 및 연구보고서, 한국교원대학교 교육정책전문대학원과 외부에서 강의해 온 내용 등을 바탕으로 집필하였으며, 새로 작성하기도 하고 경우에 따라 기존 자료를 부분적으로 활용하기도 하였다. 그런 이유로 문체가 통일되지 않고 내용에 따라 다른 양식을 띠기도 하여 독자에게 불편을 줄 수 있음을 인정하는바, 전체를 완전히 새로 쓰는 일이 어렵기도 하고 문체보다는 자료가 지닌 내용 자체가 중요하다는 고집으로 현재의 모습을 취하게 되었음을 양해하여 주시기 바란다.

이 책은 학교현장의 교사를 주된 독자로 염두에 두고 있으며 교육적 리더십을 발휘하여야 할 학교관리자와 교육복지 관련 업무를 담당하는 교육복지사 등 교직원, 학교 교육을 지원하는 교육청과 교육부의 전문직과 일반직 교육행정공무원, 교육복지 관련 기관·단체의 담당자 등에게도 의미 있는 자료가 될 것으로 기대한다.

대체로 우리 교사들은 교육복지가 자신의 본연의 과업이라는 인식을 하고 있지 못하다. 그것은 교육복지를 교육 밖에서 교육을 지원하는 복지적 사업 또는 활동이라는 정도의 좁은 의미로 받아들였기 때문일 것이다. 그러나 이 책에서는 교육소외를 교육 본연의 문제로 인식하며 교육소외를 극복하고자 하는 교육복지를 학교 교육의 기본적 기능으로 본다. 학생의 교육소외 즉 교육적 실패는 바로 교사와 학교의 실패로 이어지며 그로 인한 학생의 아픔은 고스란히 교사의 아픔이 된다. 교육소외가 모두 교사의 책임인 것은 아니지만 교사는 학생의 교육소외로부터 자유로울 수 없으며 이는 그의 과업의 성패를 좌우하는 핵심 요소가 된다.

이 책은 학교가 교육복지라는 새로운 사업을 수행해야 하고 교사의 교육복지업무가 새로 추가되어야 함을 주장하는 것이 아니다. 교육복지는 사업이 아니라 새로운 관점, 패러다임임을 주장한다. 이는 심화하고 있는 교육소외 문제를 극복하기 위해 우리 학교 교육이 어떻게 바뀌어야 하는가에 대한 문제 제기이자 대안 제시이다.

2019년 6월 오송 연구실에서
김 인 희

CONTENTS

제1부

교육소외와
교육복지

제1부에서는 교육소외를 중심으로 학교 교육의 문제를 살펴
볼 것이다. 제1장에서는 교육소외의 개념과 유형, 의미 등을 살펴보고 이를
극복하기 위한 노력으로서 교육복지의 의미를 다루고자 한다. 제2장에서는
교육소외의 사례 등을 통해 그 모습과 성격을 파악하고, 제3장에서는 교육소
외의 원인을 들여다볼 것이다. 제4장에서는 학교에서의 소외현상과 직결되는
형식주의 문제와 교사의 소외 문제를 파악하고자 한다.

제1장 교육소외와 교육복지

우리 교육의 명(明)과 암(暗)

우리 교육을 바라보면 뿌듯함과 안타까움이 함께 드러난다. 먼저 뿌듯함은 한국 학생들의 학력이 세계적으로 우수하고 부모들의 교육열도 최고로 높으며 또한 한국 교사들의 자질도 세계 최고수준에 해당한다는 점이다. 이는 자타가 공인하는 한국 교육의 강점이며 세계의 많은 나라가 부러워하는 점이다. 반면에 안타까운 점 역시 이에 못지않다. 학생들의 학력이 우수한 반면 학업에 대한 심리적 태도와 학교에 대한 소속감, 아동·청소년의 행복도는 최하수준이며, 과도한 성적 지상주의와 사교육 의존은 교육을 왜곡시키고 학생을 경쟁 지옥으로 내몰고 있다. 교사들은 최고의 자질에도 불구하고 최하수준의 자기효능감을 나타내고 있다. 극과 극을 오가는 한국 교육의 역설(paradox)이라고 할 수 있다.

과연 이러한 역설적 현상이 얼마나 지속될 것인가? 이 현상이 지속되는 동안에 발생할 폐해의 폭과 깊이는 얼마나 될 것인가? 이러한 상황 속에서 우리 학생들의 정신건강과 삶의 질은 어떠한가? 과연 정상적으로 성장하면서 자신의 잠재 역량을 제대로 개발하고 있는가? 엄청난 노력과 투자는 교육적으로 생산적이며 그에 상응하는 대가를 얻고 있는가? 높은 사교육 투자는 교육, 사회, 국가의 발전에 기여하는가? 한국 교사들의 우수한 자질과 낮은 효능감은 어떻게 설명되어야 하는가?

최근 사회적 반향을 일으키며 인기리에 방영된 모 TV 드라마에는 피라미드 모형을 집에 설치해 놓고 자녀들의 공부를 다그치는 부모의 장면이 나온다. 피라미드 속 인간은 무한경쟁, 적자생존의 모습을 보인다. 내가 한 계단 올라가려면 다른 누군가를 끌어내려야 한다. 방심하면 오히려 내가 밑으로 떨어지게 된다. 올라갈수록 자릿수는 줄어든다. 꼭대기에 오를 때까지 경쟁은 계속된다. 그러나 현실적으로 끝까지 오를 수 있는 자는 극히 제한되어 있으며 나머지는 상대적으로 패배자가 된다. 이러한 사회는 노력 여하에 불구하고 수많은 사람을 불행한 패배자로 만든다. 더구나 게임의 규칙이 획일적이고 공정하지 못하여 특정 집단에 유리하게 적용된다면 그로 인한 개인적 불행과 사회적 폐해는 더욱 커지게 될 것이며 결과적으로 사회 전체의 생산성과 활력도 떨어지게 될 것이다.

이와 같은 교육과 사회에서 찾을 수 있는 핵심 키워드 중의 하나는 '소외'라고 생각된다. 학생들은 왜곡된 교육 속에서 진정한 학습의 기회로부터 소외되며 역량 개발도 제한된다. 학부모들은 비생산적인 경쟁구조 속에서 끝없이 비용을 지불하고 노심초사하는 가운데 소진되어간다. 교사들은 스스로 효능감을 느끼지 못하는 직무환경 속에서 심각하게 소외되어 있다. 어느 누구도 행복하지 못하며 다 같이 힘들게 지쳐가는 비생산적 순환 구조이다. 이것이 오늘의 한국 교육, 한국 사회의 단면이다.

교육복지는, 우리 학교 교육이 이룬 성취에도 불구하고 지금까지 효과적으로 대응하지 못하였으며 앞으로 더욱 심각하게 제기될 학습자의 '소외'와 '삶의 질' 문제에 효과적으로 대응할 수 있는 관점과 접근법을 제공할 수 있다고 본다. 이러한 문제는 재정투자나 사업 규모의 확대와 같은 양적 접근으로 해결할 수 없으며, 인간에 대한 깊은 이해와 배려를 바탕으로 학습자 개개인의 성장과 잠재 역량 발휘를 극대화할 수 있도록 세심하게 지원하는 질적 접근을 통해서만 성과를 거둘 수 있는 영역이다. 우리 교육이 선진교육으로 나아가고 사회와 국가 발전의 지속적인 동력을 제공하기 위해서도 교육복지는 필수불가결한 요소이다(김인희, 2006). 이 장에서는 교육소외에 대한 고찰을 통해 교육복지의 의미를 살펴보고자 한다.

1. 교육소외의 의미

교육소외란 개인이 마땅히[1] 누려야 할 교육기회로부터의 소외를 말한다. 여기서 교육기회란 학습자 자신에게 필요한 유의미한 학습 경험을 제공함으로써 학습자의 성장과 발전을 가져올 교육기회를 말한다. 자신에게 100% 들어맞는 교육기회를 얻는 경우가 현실적으로 쉬운 일이 아님을 인정한다면 실제로는 다양한 모습의 크고 작은 교육소외는 얼마든지 나타날 수 있을 것이므로, 교육소외는 어느 특정 집단이나 계층에만 국한되는 것이 아닌, 누구에게나 발생할 수 있는 보편적인 현상이라고 할 수 있다.

---

[1] 개인이 누려야 할 교육의 권리는 국제법과 우리나라 국내법에 따라 규정되어 있다. 국제법으로는 유엔의 세계인권선언, 아동권리협약, 유네스코의 교육차별철폐협약 등이 그것이고, 국내법으로는 헌법에 능력에 따라 균등한 교육을 받을 권리, 교육기본법에 국민의 학습권과 차별금지 원칙 등이 규정되어 있다.

<표 1> 교육소외의 유형

교육소외의 유형			현상
절대적 소외	교육기회 접근의 제한		교육기회에 접근하지 못하거나 접근의 정도가 충분치 못함
	교육 부적응	교육내용 부적응	교육을 받고 있으나 교육내용과 학습자의 교육적 필요가 맞지 않음
		교육방법 부적응	교육을 받고 있으나 교육방법이 부적합하여 효과적인 학습을 저해함
		교육환경 부적응 — 물리적 환경	교육공간의 물리적 환경이 부적합하여 효과적인 학습을 저해함
		교육환경 부적응 — 심리·문화적 환경	교육공간의 심리적, 문화적 환경이 부적합하여 효과적인 학습을 저해함
	교육기회 공급 불충분 (교육 불충분)		교육여건이나 자원 부족 등으로 학습자의 교육적 필요를 충족시키지 못함
상대적 소외	교육 불평등(교육차별, 교육격차)		교육기회가 공정하게 제공되지 못하여 교육에서의 차별이나 격차가 발생함

* 김인희(2012)의 내용을 일부 수정

교육소외는 몇 가지 유형으로 나누어 볼 수 있는데, 첫째는 아예 학교 근처에도 가보지 못하였거나 학업을 중단한 학교 밖 청소년의 경우와 같은 '교육기회 접근(access)의 제한'이다. 우리나라 노령 인구 중에는 초등학교나 중학교에 다니지 못한 저학력자가 상당히 많다. 우리 부모나 조부모 세대를 떠올리면 이해가 갈 것이다. 세계에는 아직도 저학력과 문맹으로 사회발전에 어려움을 겪는 저개발 국가들이 수없이 많다. 학교에 다니지 못하는 이유로는 빈곤이라는 경제적 이유, 장애나 만성질환 등과 같은 신체적 이유, 성차별이나 가사노동력 등을 이유로 아이를 학교에 보내지 않아 발생하는 사회문화적 이유 등 여러 가지를 들 수 있다.

둘째, 학교에 다니고는 있지만, 교육내용이나 방법, 환경 등 다양한 이유로 자신에게 의미 있는 학습을 경험하지 못하여 교육의 성과가 나타나지 않는 '교육 부적응'이다. 가장 대표적인 교육 부적응 현상은 학업 부진일 것이다. 학업 부진의 원인은 너무 다양하여 여기서 다 거론할 수는 없겠으나, 우선 학습자에게 교육내용이나 수준이 적합하지 않아 의미 있는 학습이 이루어지지 않는 경우를 들 수 있다. 화가가 되고 싶은 학생이 자식이 법조인이 되기를 희망하는 부모의 뜻을 저버리지 못해 법대에 진학하여 법률공부를 해야 한다면 아마도 교육내용에 대한 부적응을 겪게 될 것이다. 한편, 교육내용 자체가 유의미해도 가르치는 수준이 너무 어렵거나 너무 쉬워 학습에 도움을 주지 못한다면 역시 학습자는 유의미한 학습을 경험하기 어려울 것이다.

또한, 학습자와 교육방식이 맞지 않아 학습의 효과가 나타나지 않는 경우를 생각할 수 있다. '어떻게 하면 학습효과를 높일 수 있는 교육방식(teaching style)을 개발 적용할 것인가'라는 문제는 이미 교육자들의 오랜 고민이라 할 수 있다. 전통적 교사중심 강의식 교육에 대한 대안으로 열린 교육, 프로젝트 학습, 체험학습, 배움의 공동체 협동학습, 거꾸로 교실, 스마트 교육 등 다양한 방법들이 시도되어 왔다. 중요한 것은 개개인 학습자도 저마다의 학습 스타일(learning style)과 학습속도(rate of learning)가 있으며 그에 맞는 교육방식도 사람마다 다를 수 있다는 것이다. 어떤 교육방식도 모든 학습자의 학습성향과 교육적 필요를 동일하게 충족시켜줄 수 없다면, 교육방식의 획일화는 교육소외의 발생을 피할 수 없게 될 것이다.

교육 부적응은 학습자가 교육환경과 맞지 않을 때도 발생할 수 있는데, 교육환경은 다시 '물리적-공간적 환경'과 '심리적-사회문화적 환경'으로 구분할 수 있다. 물리적-공간적 환경은 학교시설의 학습

친화성, 쾌적성, 안전성과 학교 내외의 보건위생상태 등 다양하며 학생들의 학습에 직접, 간접으로 영향을 미친다. 심리적-사회문화적 환경은 학교구성원이 공유하고 표출하는 조직문화, 풍토 등을 의미한다. 학교문화 또는 풍토가 민주적, 개방적, 협동적, 혁신적인가 아니면 권위적, 폐쇄적, 개인주의적, 보수적인가 등에 따라 학교구성원들의 행동은 지대한 영향을 받게 된다. 이러한 심리적-사회문화적 교육환경은 학습자의 구체적인 학습 동기와 학습활동 전반에 걸친 가이드가 되는 동시에 평가 잣대가 되어 학습자를 구속한다. 이와 같은 교육환경의 여하에 따라 학습자의 학습이 촉진되기도 하고 저해될 수도 있으며, 교육환경의 부적절은 학습자의 교육환경에 대한 부적응을 유발하여 교육소외의 원인이 될 수 있다.

셋째, 자신의 교육적 필요에 맞는 교육기회를 얻고는 있으나 제공되는 교육의 양적, 질적 수준이 미흡하여 충분한 학습이 이루어지지 못하는 '교육 불충분'을 들 수 있다. 학급당 학생 수가 많아 학생 개개인에 대한 교사의 지도가 소홀한 경우, 수업일수를 제대로 채우지 못해 학습시간이 부족하게 되는 경우, 교사의 자격이 미흡하여 질적 수준이 낮은 교육을 받게 되는 경우, 교육기자재의 상태가 열악하여 학습의 효과가 떨어지는 경우 등 다양한 양태가 있다.

이상의 교육소외의 형태는 절대적 수준을 기준으로 하여 그 충족 여부를 판단할 수 있는 내용이므로 이를 '절대적 교육소외'라 부를 수 있다. 한편, 교육의 불평등, 교육차별, 교육격차와 같은 현상은 상대적 비교를 통해 판단할 수 있는 경우들로서 이를 '상대적 소외'라고 부를 수 있다. 예컨대, A가 B보다 교육기회로부터 더 멀어져 있고 더 심한 교육소외를 겪고 있을 때를 말한다. 절대적 교육소외가 심하더라도 상대적 소외는 미미할 수 있고, 절대적 소외가 심하지 않더라도 그 안의 상대적 소외는 심할 수 있다. 전자의 예로 가난한 제3세계 사회주의 국가를 떠올린다면, 후자의 예로는 미국과 같이 빈부격차가 큰 선진국을 상정할 수 있을 것이다.

지금까지 교육소외의 정의와 유형을 알아보았으며 교육소외라는 용어를 설명하는 데에는 일단 이 정도 논의로 충분하지 않을까 생각한다. 다만, 우리가 '소외'라는 용어를 사용하기 때문에 소외 문제의 속성을 좀 더 고찰해보면 교육소외라는 현상을 좀 더 깊게 이해하고 접근하는 데 도움이 되지 않을까 하는 차원에서 '소외'의 의미를 중심으로 교육소외에 대한 논의를 조금 더 진전시켜 보려 한다.

나는 소외를 '유의미한 상호작용의 부재(不在)'라고 정의한다. 또한, 마르크스, 프롬, 파펜하임, 시맨 등과 같은 학자들의 소외에 대한 학설로부터 미루어 본 소외의 핵심을 '본질로부터의 괴리 또는 이탈'로 파악한다.[2] 즉, '인간이 자신의 본질 또는 자신이 추구하는 본질적 가치로부터 괴리되어 있는 상태 또는 그러한 상태에서 갖게 되는 심리상태'를 소외라고 할 수 있을 것이다. 자신의 본질, 자신이 추구하는 본질적 가치란 쉽게 말하면 자신에게 '유의미한 것'을 말하며 이로부터 괴리되어 있다는 것은 그것과의 상호작용이 이루어지지 못하여 '의미상실'의 상태에 빠진 것을 말한다. 자식이 부모와 헤어져 소식을 알 수 없게 된다면 그것보다 심한 소외는 찾기 어려울 것이며, 가수가 목소리를 잃어 더 이상 노래를 부를 수 없게 된다면 이

---

2) 나는 소외론의 전문가도 아니고 내 생각을 학계의 통설이라고 주장하기도 어렵다. 이는 그동안 교육소외 현상을 고찰하면서 얻게 된 나의 견해이다.

루 말할 수 없는 소외상태에 놓이게 된 것이다.

이와 같은 소외는 교육체제 운영의 여러 장면에서도 나타나는데 그러한 현상들은 교육소외, 즉 학습자의 교육기회로부터의 소외와 직접, 간접으로 연관되어 있다. 예컨대, 학교의 비민주적인 운영방식으로 인해 교사가 중요한 학교의 의사결정에서 배제된 경우 교사는 학교의 운영으로부터 소외되어 있다고 할 수 있다. 그가 중요하다고 생각하는 본질적 가치가 실종된 조직 속에서 살아가야 한다면 이는 전형적인 '조직 내 인간소외' 상태라고 할 수 있다. 이 경우 Seeman(1959)이 말했듯이 무의미(meaninglessness)와 무력함(powerlessness) 등이 소외의 심리적 요소가 된다. 이와 같은 소외상태의 교사가 자신의 역량을 학생 교육에 최대한으로 발휘할 수 있을까?

무엇보다 중요한 교육에서의 소외현상은 학생 자신이 겪는 소외이다. 학생이 학교 수업에 흥미를 느끼지 못하고 수업내용도 제대로 이해하지 못한다면, 그래서 수업이 학생에게 아무런 의미도 주지 못한다면 학생은 심각한 소외에 놓여 있는 것이다. 왜냐하면, 수업은 학교생활의 핵심이기 때문이다. 수업은 포기하고 친구 만나러 학교에 온다는 학생들도 있다. 그들에게는 그래도 아직 학교가 의미를 지니고 있다. 적어도 자신에게 소중한 친구들과의 관계를 유지하는 통로로서 학교의 가치가 남아 있는 것이다. 중요한 부분에서 소외를 겪고 있지만, 아직 완전한 소외는 아니라고 할 수 있다. 만일 친구들과의 관계마저 끊기게 된다면 학교는 더 이상 그들에게 의미를 지니지 못할 것이다. 즉 그들은 학교로부터 완전히 소외되는 것이며, 남은 길은 그냥 하루하루를 버티거나 학업중단의 길로 가는 것이다.

결국, **교육소외란 교육이 교육의 본질로부터 괴리되어 학습자가**

자신에게 유의미한 학습 기회를 얻지 못하는 것이다. 교육의 본질로부터 이탈한다는 것은 학습자가 아예 교육기회를 얻지 못하거나(교육기회 접근 제한) 지금 얻고 있는 교육기회 자체가 왜곡되어 교육의 본질로부터 멀어진 것을 말한다(교육 부적응, 교육 불충분). 그렇다면 교육의 본질은 무엇인가? 이는 교육철학의 질문이며 필자와 같이 철학도가 아닌 사람이 섣부르게 대답을 내놓을 수 있는 문제가 아니다. 다만, 교육학도로서 '교육다운 교육'이 되기 위한 몇 가지 조건에 관해서는 다음과 같이 이야기할 수 있다고 생각한다.[3]

첫째, 교육은 학습자에게 유의미한 학습경험을 제공하여야 한다. 교육 활동이 진행되었어도 학습자의 관점에서 학습이 제대로 이루어지지 않았다면 그 교육은 쓸모없는 것이다. 학습은 학습자에게 유의미하여야 한다. 물론 무엇이 유의미한 것인가의 기준은 단순하지 않다. 학습이 이루어지는 시점에 학습자가 그 유의미성을 인지할 수도 있고, 못할 수도 있다. 한 가지 확실한 것은 그 학습이 '이어지는 새로운 학습의 토대가 되어 학습자의 지속적인 성장 발전에 도움을 주는 것'이어야 한다는 것이다. 이와 같이 새로운 성장과 발전의 가능성과 길을 열어주고 그 토대가 되는 교육을 나는 '여는 교육'이라고 부른다. 물론 그 대척점에는 '닫는 교육'이 존재한다.

내가 아는 한 국어 장학사님은 드물게 멋진 목소리를 지녔음에도 불구하고 노래 부르기를 무척 꺼리고 즐기지 않았다. 왜 그런지 알아보니 중학교 시절 음악 시간에 노래 실기시험을 치던 중 실수하여 노래가 중단되었고, 다시 부를 기회를 선생님께 부탁하였으나 이미

---

3) 나는 우리말의 '~답다'라는 형용사적 표현에서 '~답다'라고 할 때 곧 그 사물의 본질, 본성을 지키고 있음을 지칭하는 것으로 생각한다. 어느 학교가 '학교답다'라고 한다면 그 학교는 학교의 본질적 요건을 갖추고 있음을 의미한다.

한번 기회를 주었다는 이유로 거부되어 노래를 끝내지 못해 결과적으로 음악시험에서 꼴찌를 하였다. 그때의 상심으로 그 이후 음악시간이 싫어졌고 노래와는 평생 담을 쌓게 되었다는 것이다. 누구의 잘잘못을 떠나 이때의 경험이 이 장학사님에게 음악수업이 무의미해지고 음악교육으로부터 심하게 소외되는 결과를 가져왔으며, 결국 그의 인생에서 음악과 멀어지게 만들었다. 나는 이 사례가 대표적인 교육소외이자 '닫는 교육'의 예라고 생각한다.

둘째, 교육에서는 '보편적, 절대적, 다원적 수월성'이 추구되어야 한다. 이는 수월성(excellence)이 소수의 뛰어난 재능을 지닌 영재들에게만 해당하는 것이라는 '선별적, 상대적, 일원적 수월성' 관점과 달리, 모든 학습자는 교육을 통해 자신이 지닌 잠재 역량을 최대한으로 개발, 발휘할 기회를 가질 수 있어야 함을 의미한다. 한 학생이 특정 영역에 한정된 획일적인 잣대에 의해 열등하고 가능성이 없다고 판정되고 그가 지닌 다른 영역에서의 능력은 무시되고 사장된다면, 이는 진정한 교육의 모습은 아니며 오히려 교육이라는 이름으로 그 학생을 틀 속에 가두어 낙인찍고 성장과 발전을 가로막는 것이다.[4]

셋째, 교육이 이루어지는 행위는 인간적 상호작용을 전제로 하는 것이며 단지 지식을 전수하고 전달받는 기술적인 행위를 넘어선다. 신뢰를 바탕으로 한 인간적 소통과 교감은 좋은 교육의 핵심 조건이다. 신경생리학자인 요아힘 바우어에 따르면 가장 최상의 교육이 이루어지는 순간에는 가르치는 자와 배우는 자 간의 공명(resonanz)현상이 나타난다고 한다.[5]

---

4) 보편적·다원적 수월성에 대한 상세한 논의는 제5장을 참조하기 바란다.
5) 요아힘 바우어의 책 『학교를 칭찬하라』는 꼭 한번 읽어야 할 책으로 권장한다.

22   교육소외 극복을 위한 **교육복지와 학교혁신**

결국, 교육이 제대로 이루어지는 데 있어 중요한 요소는 '관계'라고 생각된다. 학생과 교사의 관계, 학생과 학생의 관계, 학생과 부모의 관계, 학생과 세상과의 관계는 모두 학생의 학습이 이루어지는 심리적-사회적 환경을 구성하는 핵심 요소이다. 그의 학습 동기 즉, 그가 학습을 계속할 수 있는 정신적 동력, 그가 학습에 부여하는 의미는 상당 부분 이러한 관계로부터 나온다고 할 수 있다. 학습은 두뇌로만 이루어지는 것이 아니라 가슴으로도 이루어지는 것이다. 한국 학생들이 힘이 들어도 열심히 공부하는 큰 이유 중의 하나는 그것이 부모에 효도하는 길이기 때문이다.

교육의 본질, 또는 좋은 교육의 요소에 대하여 더 많은 이야기를 할 수 있겠으나 특히 교육소외와 관련하여 그동안 중요성을 느꼈던 사항들은 학습의 유의미성과 '여는 교육', 교육의 보편적·절대적·다원적 수월성, 교육에서의 '관계'의 중요성 등이라고 할 수 있다. 이렇게 보면 교육의 본질로부터 괴리되어 교육소외를 일으키는 현상들은 교육 외부에서 비롯되는 것 못지않게 교육의 철학, 내용과 방식 등 교육 내부에서 비롯되는 부분이 크다는 것을 알 수 있다.

2. 교육복지의 의미

가. 교육복지의 뜻

교육복지는 일반적으로 학교에서 추진하는 특정 사업이나 정책영역을 지칭하는 용어로 받아들여지고 있는 것으로 보인다. 그러나 나는 교육문제를 바라보는 하나의 패러다임 또는 관점이라고 생각한다. 그 말은 교육정책에서 교육복지영역이 따로 존재하는 것이 아니라 모든 교육정책에는 교육복지적 차원이 있을 수 있으며 이러한 관점에서 접근할 수 있고 또 접근해야 한다는 것이다. 그렇다면 교육복지 패러다임의 핵심은 무엇인가?

교육복지는 여러 가지 면에서 조금씩 다른 정의들이 내려지고 있지만, 그 요체는 '교육소외의 해소'라고 할 수 있다. 교육소외란 정당한 교육기회로부터의 소외를 말하며 절대적 소외와 상대적 소외로 구분할 수 있다. 상대적 소외는 소위 말하는 교육의 불평등, 차별, 격차 등을 말한다.

정당한 교육기회란 인간이 기본적으로 누려야 할 교육받을 권리 또는 학습권을 말한다. 유엔의 세계인권선언, 유네스코의 교육차별 철폐협약과 아동권리에 관한 협약, 우리나라 헌법과 교육기본법에는 사람은 차별받지 않고 균등한 교육의 기회를 누려야 한다고 규정되어 있다. 이는 한 사람이 인간다운 삶을 살면서 행복을 추구하기 위해서는 교육이 핵심적인 요건이 된다는 믿음에 기초하고 있다.

그러나 현실의 교육에서는 여러 가지 모습의 교육소외가 발생하고 있는데, 이는 기본권으로서의 교육받을 권리가 제대로 실현되지 못하고 있으며 이로 인해 개인의 성장 발달이 지체되고 그 결과 인간답고 행복한 삶을 누릴 가능성이 줄어들고 있음을 의미한다. 교육소외가 발생하는 원인은 학습자의 개인적, 경제적, 사회문화적 여건 등에 의하기도 하지만, 교육이 이루어지는 체제의 상태, 즉 교육여건, 교육방식, 교육내용, 교육환경 등의 영향을 받기도 한다. 실제로는 개인적 차원과 환경적 차원의 요인들이 결합하여 복합적인 상호작용 과정을 거치면서 교육소외가 발생한다고 보아야 할 것이다.

우리가 학습자들의 완벽한 개인적 조건과 교육체제 및 이를 둘러싼 사회의 완벽한 교육환경 조건을 전제하지 않는 한, 교육소외는 언제 어디서 누구에게나 나타날 수 있다고 보아야 한다. 이 세상에서 교육이 이루어지고 있는 동안에는 한편에서 교육소외 역시 진행되고 있다고 보는 것이 정확하다. 교육소외의 역사는 교육의 역사만큼 길다고 생각해도 과히 틀리지는 않을 것이다.

모든 사람이 건강한 삶을 꿈꾸고 노력하지만, 누군가는 병에 걸리고 고통을 받고 있다. 어느 누구도 질병으로부터 자유로운 사람이 없듯이 교육소외 역시 그렇다. 교육이 우리 사회의 기본적인 기능이고 누구에게나 해당하는 보편적인 삶의 양식인 만큼 교육소외 역시 우리 사회에서, 우리 주변의 삶의 모습에서 쉽게 관찰되는 익숙한 현상이다.

우리가 건강하지 못하고 병에 걸리면 병원과 의사, 약사가 있어 전문적인 지식과 기술을 바탕으로 우리의 건강이 회복될 수 있도록 구체적인 도움을 제공한다. 우리가 교육소외를 겪게 되었을 때는 누구를 찾아야 하는가? 교육소외를 진단하고 이를 치유하는 전문가는 누구인가? 우리 학교의 교사들은 교육소외 치유를 위한 전문교육을 받았는가? 아니면 다른 전문가들이 우리에게 도움을 주기 위해 기다리고 있는가?

내가 보기에는 그렇지 않다. 질병을 고치기 위한 의료시스템에 비하면 교육소외를 치유하기 위한 교육복지시스템은 턱없이 미약하다. 학교의 교사들은 교육소외와 교육복지에 대한 체계적인 전문교육을 양성과정에서나 현직에서나 제대로 받지 못한다. 현장에서는 교육부적응을 비롯한 다양한 교육소외 현상과 일상적으로 부딪히지만,

체계적인 교육을 받지 못했으므로 문제 진단을 비롯하여 체계적인 대응이 미흡하고 대응 경험이 있다 하여도 체계적인 학습을 통해 축적, 확산되지 못한다.

교사 개인적으로도 그렇지만 학교조직 자체가 교육소외에 대하여 체계적, 효율적으로 대응할 수 있는 교육복지체제를 제대로 구축하고 있지 못하다. Wee 클래스, 교육복지우선지원사업, 두드림, 학교 내 대안 교실 등 관련 프로그램이 진행되기도 하나 대개는 각기 분산되어 운영되고 교육과정 운영과 괴리되는 등 학교 안에서 통합적인 기능이 이루어지지 못하며 학교 간 역량 차이도 크다.

학교는 그 학교에 다니는 모든 학생 개개인에게 동등한 교육기회를 제공하여야 한다. 모든 학생은 그 학교에서의 학업을 통해 최대한으로 성장 발달할 기회를 가질 권리가 있다. 이를 가로막는 것이 교육소외 현상이다. 따라서 학교가 교육소외를 예방하고 치유하기 위한 노력을 하는 것은 가장 기본적인 기능에 해당한다. 이 기능을 제대로 발휘하지 못하는 학교는 정상적인 학교라고 할 수 없다. 만일에 학교가 교육소외를 방치 또는 심화, 확대하거나 교육기회의 차별이 이루어진다면 이는 학교의 기본 자격을 상실한 것이며 용납될 수 없는 행위라고 할 수 있다. 미국의 어느 학교는 교사들이 학교의 모토(motto)를 정했는데 "We don't label students."였다. 그들은 적어도 학교가 어떤 곳이 되어야 하는지, 이를 위해 학교에서 반드시 지켜져야 하는 것이 무엇인지에 대한 공동의 문제 인식을 지니고 있다고 생각된다.

교육복지 패러다임은 거창한 정치적 이념이거나 새로운 아이디어가 아니다. 교육복지는 인간이 자신의 역량을 발휘하며 행복한 삶을 살기 위해 기본적으로 필요한 교육받을 권리와 학습권을 실현하기 위한 것이며, 이러한 교육이 이루어지는 대표적 공간인 학교가 제대로 교육기회를 제공할 수 있는 곳이 되도록 하는 기본적인 사고이다. 즉, 현실적으로 문제가 되는 '교육소외'의 실체를 인식하고 이에 효과적으로 대응할 수 있는 길을 열어주는 사고방식이자 관점이라고 할 수 있다. 학교가 모든 학생의 성장을 동등하게 돕는 '학교다운(school-like)' 학교가 되려면 교육복지 패러다임은 학교경영과 교육실천의 중심에 분명하게 자리 잡고 있어야 할 것이다.

나. 교육복지 패러다임: 교육복지의 성격

□ **교육복지는 특정 정책이 아니라 가치이자 패러다임이다.**

교육복지는 교육소외를 극복하기 위한 노력이지만 특정 정책을 통해 해결될 수 있는 문제가 아니라, 교육정책 전반에 걸쳐 반영되고 실현되어야 하는 가치이자 그러한 정책운영을 관장하는 패러다임에 해당한다. 즉, 영역(area)의 문제가 아니라 사고(idea), 관점(perspective), 틀(frame)의 차원에서 인식되어야 한다.

교육복지는 정의로운 교육제도, 즉 모든 학습자가 자신의 잠재 역량을 최대한 발전시킬 수 있도록 하는 제도의 실현을 추구한다. 이를 위해 모든 학습자가 자신에게 유의미한 학습경험을 가질 수 있어야 하는바, 이는 어느 특정 정책에만 해당하는 것이 아니라 모든 교육정책의 기본 요건이라 할 수 있다.

5.31 교육개혁안이 '누구나 언제 어디서나 원하는 교육을 받을 수 있는 교육복지국가(Edutopia)'를 천명한 것은 옳은 방향이라 생각되

나, 선언으로 그치는 것이 아니라 이를 실현하기 위해서 우리는 더욱 실천적인 가이드 역할을 하는 가치이자 패러다임으로서 '교육복지'를 필요로 한다.

□ **교육복지는 사업이 아니라 시스템의 일상적 기본 기능이다.**

우리 학교현장에서 교육복지라는 말을 사용한 출발점은 2003년에 시범사업으로 시작된 교육복지투자우선지역 지원사업(현 교육복지우선지원사업)이었다. 즉, 우리 학교현장은 교육복지를 사업으로 처음 만났으며 10여 년이 지나는 동안 많은 교직원은 교육복지를 '어려운 학생을 도와주는 돈이 많이 드는 사업' 정도로 인식하고 있는 것으로 보인다.

사업이 갖는 원초적 한계는, 사업은 기본적으로 한시적이라는 것이다. 단기이든 중장기이든 기간의 한정이 있다. 예산이 감축되거나 중단되면 사업도 줄어들거나 소멸한다. 즉 안정성, 지속성, 일관성이 보장되지 않는다. 사업에는 담당자가 있게 마련이다. 담당자 외에 다른 사람들은 담당자를 도와주는 조력자일 뿐 사업의 주체가 되지는 않는다. 즉, 책임감과 주인의식은 담당자에게만 해당된다. 또한, 교육복지를 사업으로 추진하게 되면 사업학교와 비사업학교가 구분된다. 정도의 차이는 있을지언정 비사업학교에도 교육복지 기능은 필요하게 마련이다.

교육복지는 교육소외를 해소하려는 노력이며, 교육소외는 교육이 시행되는 곳에서는 언제든지 나타날 수 있는 보편적 현상이다. 인체에 비유하여 교육소외가 질병이나 증세라고 한다면 교육복지는 면

역기능에 해당한다. 면역기능은 우리 몸에 항상 작용하면서 건강을 유지할 수 있도록 한다. 즉, 보편적, 일상적 기능이다. 교육복지도 이와 마찬가지라고 할 수 있다. 그것은 교육이 이루어지는 학교에서는 기본적으로 작동하여야 하는 기능으로서 어느 학교에서나 언제든지 작용하여야 한다.

사업의 형태로 교육복지가 이루어지는 것은 최선의 방식이 아니며, 교육복지는 학교에서 일상적으로 교육과정 운영이 이루어지듯이 기본적으로 작동하여야 하고 이에 필요한 시스템 구축이 요구된다.

□ **교육복지는 특정계층이나 집단을 위한 선별적 지원만이 아니라 보편적으로 언제 어디서나 누구에게나 작동해야 하는 교육체제의 기능이다.**

교육소외는 학습자 누구에게나 발생할 수 있는 현상으로서 다만 그 내용과 수준이 다양할 뿐이다. 교육소외는 교육기회 접근에서, 교육내용과 방법으로부터, 교육이 이루어지는 물리-공간적, 사회-심리적 환경으로부터 발생할 수 있다. 또한, 그 원인과 배경도 다양하다. 중요한 것은 교육소외를 겪는 집단이나 계층이 따로 정해져 있는 것은 아니라는 것이다. 크고 작은 소외현상은 교육이 이루어지는 공간에서 일상적으로 발생한다. 다만 환자에게도 중증과 경증이 있듯이 교육소외에도 그 심각성의 정도 차이가 있을 수 있다. 이렇게 보면 교육복지에 대한 선별적 복지냐 보편적 복지냐의 논쟁은 사실상 의미가 없어진다. 건강이 모든 사람에게 삶의 핵심 조건이 되듯이 교육은 누구에게나 해당하는 보편적 삶의 기본 조건이다. 다만 제한된 자원의 현실적 배분에서는 교육소외가 상대적으로 심하고 절박한

자에게 우선순위를 고려한 교육복지적 지원이 필요한 것이다.

□ **교육복지는 학교 울타리 안에서 해결될 수 없다.**
　지역, 사회, 국가의 역량결집이 요구되며, 연계협력과 통합
　적 접근이 필요하다.

　교육복지 패러다임이 기존의 교육 패러다임과 구별되는 점은 그 관심이 학교 안에만 국한되는 것이 아니라는 점이다. 기존 공교육의 관심은 학교 안에 머물러있으며 학교 안에서 이루어지는 교육의 개선을 지상과제로 삼았다. 교육복지의 관점은 교육의 본질에 관련된 것이지만 그 실천은 학교 안에 갇힐 수 없다. 왜냐하면, 교육복지가 극복하고자 하는 교육소외의 원인과 극복 수단이 학교 안에만 존재하지 않기 때문이다. 즉, 학교만의 노력으로 교육소외를 극복하는 데에는 분명한 한계가 있다.

　교육소외의 주요 원인이 되는 학생의 개인적, 가정적, 경제적, 사회문화적 배경들은 학교가 통제할 수 없는 영역이며 책임을 질 수도 없다. 그러나 그로 인한 교육소외 현상은 학교의 교육적 생산성을 떨어뜨리고 학생뿐만 아니라 교사에게도 고통을 안겨준다. 교사의 직무성취, 직무 만족, 자기효능감 등은 이러한 교육소외 현상과 직결된다. 학교와 교사가 교육소외에 대한 책임을 모두 안을 수는 없지만, 교육소외 해소를 위해 노력해야 하는 이유이다. 다만, 그 노력이 생산적이기 위해서는 학교 내·외에서 작용하는 교육소외의 원인이 무엇인가에 대한 정확한 진단과 그에 기초하여 교육소외 현상에 대응할 수 있는 학교 안과 밖의 가능한 수단, 자원 간의 연계 협력이 필요하다.

한 학생의 교육소외 원인은 학업뿐만 아니라 그의 삶의 모습 전체와 연관되는 경우가 많다. 가정환경, 주거환경, 보건, 사회적 관계, 지역 여건 등 생활 전반에 걸친 요인들이 복합적으로 작용하는 경우가 많다. 따라서, 이들 다양한 영역에서 활동하는 학교 밖 주체들과의 소통과 협력이 필수적이다. 여기에는 정부와 공공기관, 민간기관과 단체, 기타 다양한 지역사회의 주체가 포함될 수 있다. 한편, 이미 존재하는 유사하거나 중복되는 사업이나 활동 간의 효율을 기하기 위해서도 관련 주체들 간의 소통과 협력이 요구된다.

학교 안에서도 유사한 교육복지 관련 프로그램들이 동시에 시행되는 경우가 많다. 프로그램마다 주관하는 상급기관의 담당 부서가 다르고 예산, 운영, 평가체제가 서로 상이하여 막상 현장에서 실행하는 데 비효율이 발생한다. 연계 통합적 접근은 학교 내에서도 절실하게 요구된다.

□ **교육복지적 지원은 한 개인의 생애에서 조기에 이루어질수록 효과적이다.**

교육소외란 한 개인에게 유의미한 교육기회의 손실을 의미하며 이는 곧 질 높은 삶의 기회를 잃는 것이다. 교육의 성과가 누적되어 나타나듯이 교육의 손실도 누적된다. 교육손실이 누적되어 확대 심화할수록 교육소외 해소를 위한 교육복지적 노력은 효과가 떨어지게 된다. 반대로 그 손실의 폭이 좁을수록 교육소외 해소는 용이해진다. 교육복지 활동은 초등학교가 중학교보다, 중학교가 고등학교보다 더 효과적이라는 것을 연구결과들이 지지하고 있다는 점도 이와 같은 이유이다. 교육복지적 노력이 조기에 국가적으로 체계적으로 이루어지는 대표적인 사례로 핀란드를 들 수 있으며, 이러한 핀란드의 교육복지가 생산성 면에서 장점이 있다고 보아야 한다.

이 장에서는 교육소외와 교육복지의 의미에 대하여 살펴보았다. 다음 장에서는 교육소외의 다양한 실제 모습을 통하여 교육소외의 실체에 좀 더 접근하고자 한다.

제2장 교육소외의 모습

　이 장에서는 교육소외의 실제 모습들을 사례를 중심으로 소개하고자 한다. 제1절에서는 제1장에서 제시한 교육소외의 유형과 연관 지어 실제 사례를 소개하고 그 의미를 살펴보며, 제2절에서는 학업중단 위기 학생에 대한 질적 연구결과를 통하여 교육소외의 의미를 좀 더 심층적으로 파악하고, 제3절에서는 소외의 키워드인 '관계'의 중요성, 제4절에서는 또 다른 소외 '학교 밖 청소년'의 문제를 다루고자 한다.

1. 몇몇 사례들

• 경기도 고교생 L군

　L군은 청각장애가 있는 고교생이었으며 병드신 할머니와 반지하 단칸방에 살았다. 어머니는 안 계시고 역시 청각장애가 있는 아버지는 화물트럭 기사라 집에 있는 날은 거의 없고 전국을 돌아다니셨다. 아버지가 직업이 있으니 기초생활수급대상자에는 해당하지 않아 지원을 받지 못하고 생활고와 외로움, 장애로부터 오는 고충과 설움을 홀로 근근이 버텼다. 학교에는 거의 나가지 않다가 사는 게 힘들

어 결국 자살을 생각하고 유서를 작성하였다.

> 유 서
>
> 6월 21일
> 불안하고 살기 두렵다.
> 그리고 난 혼자다… 우울하다…
> 죽음만 선택하자. 그리고 후회하지 않는다…
> 즐거운 추억도 없다. 아름다운 추억도 없다.
> 예수는 나에게 관심도 안 준다…
> 난 오로지 죽음을 선택할 것이다…
> 그리고 사랑도 못 받았다. 슬프고… 죽음의 날이 된다.
> 나의 생일… 그리고 탄생… 죽음을 선택할 것이다.
> 경찰 아저씨 나의 시체는 화장해주세요.
> 누구에게도 비밀로 해 주시고… 난 누구보다도
> 슬픈데… 죽음을 택합니다.

　　다행히 집을 방문한 친구가 유서를 발견하여 담임선생님께 보고 하였고 이때부터 담임선생님의 눈물겨운 L군 돕기가 시작되었다. 선생님의 헌신적인 도움으로 L군은 삶의 희망을 품고 학교에도 나오게 되었으며 음악에 대한 재능을 발굴하여 전국 국악 경연대회에 나가 입상도 하였고 그 계기로 대학 국악과에 진학하게 되었다.

- 두 성악 천재: 최성봉과 김호중

최성봉은 5살 때까지 고아원에서 지내다가 구타당하는 것이 싫어 뛰쳐나와 10여 년간 홀로 길거리 노숙자 생활을 하였다. 닥치는 대로 막노동도 하고 유흥가에서 껌 등을 팔았다. 조폭에게 걸려 인신매매, 살해 위기까지 겪었다. 어느 날 나이트클럽에서 껌을 팔다가 생전 처음 들어보는 아름다운 노래에 마음을 빼앗겼는데 손님이 부르는 성악곡이었다. 그 이후부터 성악을 배우기 위해 무료 강습을 찾아다니기 시작하였다. 그러다가 합창단을 지도하는 한 성악가를 만나 무료로 지도를 받을 수 있었고 그분의 권고로 검정고시를 거쳐 예술고등학교 야간 반에 진학할 수 있었다. 낮에는 노동일을 하고 저녁에는 학교에 다니던 중 Korea's Got Talent! 라는 TV 음악경연 프로그램에 출연했다. 그의 기구한 이야기에 이어 믿을 수 없이 아름다운 노래 '넬라 판타지아'가 울려 퍼졌고 이 동영상이 전 세계에 소개되면서 일약 스타가 되었다. 그 후 음악 공부를 계속하여 국내외에서 프로음악가로 활동하고 있다.

김호중은 부모 없이 할머니와 함께 살던 고교생이었다. 성악에 재능이 있어 예술고등학교에 다녔으나 공부보다는 딴 길로 빠져 조폭 생활까지 하였다. 그의 뛰어난 재능을 알아본 학교 선생님은 그를 자극, 격려하고 어두운 생활을 청산하도록 설득하였다. 천신만고 끝에 조폭을 벗어나게 된 그는 성악의 길을 갈 수 있었으며 '스타킹'이라는 TV 예능 프로그램에 출연하여 '고딩 파바로티'라는 별명을 얻었다. 그의 이야기는 '파파로티'라는 제목으로 영화화되기도 하였다. 지금은 전문성악가의 길을 가고 있다.

• 두 명의 프랑스 장관

프랑스의 전 문화부 장관 플뢰르 펠르랭, 전 국가개혁 장관 장 뱅상 플라쎄는 모두 한국에서 태어나 고아원에서 자랐으며 각각 프랑스로 입양되었다. 펠르랭은 학자 집안에, 플라쎄는 변호사 집안에 입양되어 이후 좋은 가정교육과 학교 교육을 받을 수 있었다. 그들이 한국에서 계속 살았다면 어떤 삶을 살았을지 궁금하다.

앞의 사례들은 본인이 뛰어난 재능을 타고 났으나 정상적인 가정으로부터 돌봄과 지원을 받지 못하여 매우 심각한 교육소외(교육기회 접근 제한) 위기에 놓였던 경우이며, 또 하나의 공통점은 결과적으로 이러한 위기를 극복하였는데 그 계기는 어떤 은인의 도움을 얻는 '행운'을 만났다는 점이다. 하지만 위기 상황에서 이러한 행운을 만나지 못하는 다른 많은 아이들의 경우에는 어떻게 될 것인가? 이러한 위기의 극복을 단지 개인의 행운에 맡기는 것이 우리가 할 수 있는 최선일까? 개인적 행운을 기대하기 어려운 수많은 위기 아동·청소년들을 위해 우리 사회, 국가가 해야 할 일은 무엇인가? 지금 우리의 교육은 이에 제대로 대응하고 있는가?

• 영국의 한 화가지망생

영국에서 있었던 일이다. 학창 시절에 화가를 꿈꾸었으나 당시 미술 선생님으로부터 너는 재주가 없으니 다른 직업을 찾는 게 좋겠다는 말을 듣고 꿈을 접은 사람이 있었다. 그는 평생 그림과는 상관없는 다른 일을 하며 살았다. 하지만 노인이 되어서도 그의 마음속에는 그림에 대한 미련이 남아 있었다. 어느 날 큰맘을 먹고 그림 몇 점을 가지고 당대의 유명한 화가를 찾아갔다. 그는 화가에게 그림에 대한 평을 듣고 싶다고 하였다. 화가는 그림을 보더니 깜짝 놀라며 이 그림을 대체 누가 그렸느냐고 물었다. 왜 그러시냐고 화가에게 물으니, 화가는 이런 뛰어난 그림을 그린 사람이 누군지 궁금하다고 답했다. 노인은 한참을 멍하니 있다가 아무 말 없이 인사를 하고 돌아섰다. 그 그림은 그가 학창 시절에 그린 그림이었다.

• 로스쿨 출신 방송작가

최근 대학원에서 내 강좌를 수강한 한 장학관님의 이야기이다. 그분은 젊은 시절에는 문단에 데뷔까지 했던 문학도였다. 그녀를 닮아서 그런지 그녀의 아들도 어려서부터 글쓰기를 무척 좋아했다. 하지만 그녀의 남편은 아들이 법률가가 되기를 간절히 바랐다. 효심이 깊었던 아들은 아버지의 뜻을 거스를 수 없어 법대를 다니고 로스쿨을 졸업했다. 로스쿨을 졸업하자마자 아들은 부모님께 중대 선언을 했다. 더 이상 부모님의 뜻을 따를 수 없고 앞으로는 자기가 진정으로 좋아하는 일을 하면서 살겠다는 것이었다. 그는 외국에 유학을 다녀와서 지금은 국내 방송사의 작가로 일하고 있다.

• 개인적 경험 1

79학번인 나는 당시 대학입학 학력고사에서 국사 과목을 우리 반에서 꼴찌를 했다. 다른 과목은 괜찮았고 전체적으로는 반에서 상위권이었다. 국사를 망친 이유는 그 과목에 시간을 덜 쏟았기 때문일 것이다. 당시 내 국사책은 중요한 단어가 모두 사인펜으로 까맣게 지워져 있었다. 즉, 국사 과목은 무조건 몽땅 외워야 했었다는 것을 말한다. 어쨌든 국사 과목을 완전히 망쳤다. 30문제 중 12개를 틀린 것으로 기억한다. 그러나 나는 지금도 이게 순전히 나의 책임만은 아니라고 생각한다. 학교 다니면서 한 번도 국사 시간이 재미있었던 적이 없었다. 역사는 원래 재미없는 것이려니 생각했다. 하지만 대학에 가서 그 생각은 완전히 바뀌었다. 경제사와 서양문화사를 듣는데 너무나 흥미진진하여 책도 열심히 읽고 강의시간에도 맨 앞자리에 앉았다. 당연히 학점도 좋았다. 나는 이 경우를 '교육방법에 대한 부적응'의 한 예로 생각한다. 의미도 생각지 않으면서 무조건 외우는 역사 공부가 있는가 하면, 당시 사회와 사람들의 삶의 모습을 탐색하면서 역사적 사실의 맥락적 의미를 찾는 흥미진진한 역사 공부도 있을 수 있다는 것이다.

앞의 세 가지 사례는 교육의 내용과 방식이 학습자와 맞지 않아 유의미한 학습이 이루어지지 않고 학습으로부터 소외가 나타난 '교육 부적응'의 사례라고 할 수 있으며, 이 경우는 교육소외의 원인이 상당 부분 교육 속에 내재되어 있다고 볼 수 있다. 즉, 학생의 소질과 가능성을 제대로 평가하여 지도하는 일, 학생의 적성·관심과 부응하는 학습경험을 제공하는 일, 학생에게 유의미한 학습경험을 제공하여 학습효과를 높이는 일 등은 교육의 핵심적 과제이며, 이 부분에서의 실패는 바로 교육소외로 이어지는 것이다.

• 이주 배경 청소년의 어려움

이주 배경 청소년이란 북한 이탈 청소년, 다문화가정 자녀, 외국인 근로자 자녀 등 한국과 다른 문화적 배경에서 성장하였거나 가족 구성에 다른 문화적 요소가 포함된 가정에서 성장하고 현재 한국에서 거주하고 있는 청소년을 말하며 이들의 수는 지속해서 늘어나고 있다. 이들이 우리 학교에서 교육을 받는데 작지 않은 어려움을 겪고 있다는 사실은 익히 알려져 있다. 북한 이탈 청소년들은 학력의 차이, 남한과 북한 간의 언어를 포함한 문화적 차이, 교육을 포함한 사회제도, 환경의 차이 등으로 인해 학업에 상당한 어려움을 겪고 있다. 다문화가정 자녀들은 주로 어머니의 언어적 불리함에 따른 학업 지원능력 부족, 신체적 용모의 차이로 인한 따돌림 경험 등으로 고충을 겪기도 한다.

외국인 근로자 자녀들은 이러한 사회적, 문화적 불리함을 모두 갖고 있다고 볼 수 있다. 또한, 대부분의 이주 배경 가정들은 경제적으로 영세 계층에 속하는 경우가 많아 부모의 사회경제적 지위가 학업에 미치는 영향이 크다는 점을 감안할 때 상당한 불리함을 겪고 있다고 할 수 있다.

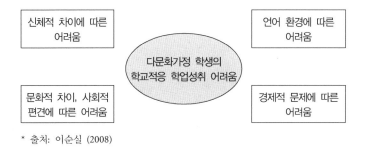

* 출처: 이순실 (2008)

[그림 1] 다문화가정 학생의 학교적응 어려움

•학교의 수업 거부 사태

오래전에 학내분규를 심하게 겪은 사립 고등학교가 있었다. 그 학교의 고질적인 문제는 설립자이자 전직 국회의원이었던 당시 이사장의 전횡이었다. 학사운영 개입뿐만 아니라 교직원에 대한 폭행과 폭언, 사적인 일에 교직원, 학생 동원 및 노동 착취, 교직원 채용 비리 등 이루 말할 수 없는 비행을 계속하였다. 참다못한 일부 교사들이 들고일어나 이에 반발하였고 이사장은 바로 징계위원회를 열어 가담 교사들을 파면하였다. 파면된 교사들은 이에 불복하여 저항하였고 여기에 학생들이 가담하여 수업을 거부하고 농성을 하며 이사장과 교장의 퇴진, 파면 교사의 복직을 요구하였다. 교육청의 대대적인 감사와 후속 조치로 교장은 해임되고 이사장도 결국 직에서 물러났다. 장기간의 학내분규로 인해 학생들은 정상적인 수업을 받을 수 없었다.

이유가 무엇이든 정상적인 수업이 이루어지지 못하는 학교에서 학생들은 제도적으로 규정된 수업시간을 채우지 못하는 교육소외를 겪게 되었다. 이는 우선 교육소외 유형 중 '교육 불충분'에 해당한다.

•지역 간 교육재정의 불균등

시·군·구 기초자치단체의 장은 관할 지역의 학교에 교육경비보조를 할 수 있으며 지원 근거는 조례로 규정되어 있다. 이는 교육을 위해 바람직하다고 할 수 있으나, 문제는 이 경비를 지원할 수 있는 재정 능력이 지역 간에 큰 차이가 있다는 점이다. 예컨대 서울 강남

구의 한 해 지원예산은 서울에서 가장 영세한 지역에 비해 10배에 이른다. 이것이 10년 이상 지속하고 있으므로 그 누적된 지원 규모의 격차는 엄청나다고 보아야 한다. 교육부와 교육청을 거쳐 학교에 지원되는 예산은 기본적으로 학교 규모에 따라 균등하게 배분된다고 할 수 있으나, 기초자치단체가 지원하는 예산에서 지역 간 큰 격차가 나타나는 것이다. 이는 결국 학생 1인당 공교육비에 차이를 발생시키는 결과가 된다.

이는 명백한 '교육차별'이라고 볼 수 있다. 사는 지역에 따라 정부가 지원하는 공교육비에 차이가 나는 것은 우리 헌법과 법률의 교육기회 균등 정신에 어긋나는 것이다. 교육기본법 제4조 제2항은 "국가와 지방자치단체는 학습자가 평등하게 교육을 받을 수 있도록 지역 간의 교원 수급 등 교육여건 격차를 최소화하는 시책을 마련하여 시행하여야 한다."라고 규정하고 있다.

•서울 어느 장학사

한참 전에 서울의 한 대학원에서 나에게 수업을 듣던 서울시의 장학사님이 계셨다. 수업의 수강자들은 모두 현직 교사, 교감, 그리고 장학사님이었다. 그날 수업시간에 나는 학교에서 일어날 수 있는 소외 문제에 관하여 토론하고자 하였다. 나는 아무래도 교원의 입장에서 이야기들이 나올 것으로 예상했다. 장학사님이 발언을 시작하셨다. 하지만 예상과 달리 그녀는 학부모의 처지에서 자기의 딸이 겪은 이야기를 꺼내 놓는 것이었다. 딸의 담임교사가 자기 학급의 학생들을 A, B, C, D 네 등급으로 나누고 그 등급에 맞추어 대우한다는 것이며, 자신의 딸은 C등급이었다는 것이다. 그녀는 교사의 차별적 행위에 분개하며 학부모로서의 불만을 털어놓았다.

• 개인적 경험 2

내가 학부모로서 가진 경험이다. 딸애가 초등학생 때 담임선생님이 주시는 칭찬스티커에 무척 관심이 많았다. 어느 날 아이한테 들은 이야기에 무척 화가 난 적이 있다. 어머니가 학교 일을 열심히 도와주신 친구들에게 선생님이 칭찬스티커를 주신다는 것이다. 그리고 스티커를 가장 많이 모은 아이가 학기 말에 모범상을 받는다는 것이었다. 어머니가 학교 일을 도울 수 있는가는 집안마다 모두 사정이 다를 것이다. 어머니가 생업에 바빠 학교 일을 돕고 싶어도 시간적 여유가 없을 수도 있을 것이다. 어머니가 학교를 위해 수고를 하셨다면 어머니에게 감사 표시를 하면 될 일이지 학생이 받아야 할 칭찬스티커와는 아무런 상관이 없지 않은가? 교사가 어떤 생각을 했는지 몰라도 이는 명백히 학부모 배경에 따른 부당한 교육차별에 해당한다고 생각된다.

앞의 두 사례는 일상적인 교육의 과정에서 발생하는 교육차별, 즉 상대적 소외에 해당한다고 할 수 있다. 아마도 위와 같은 교육차별은 의도적으로 행하였다기보다는 교사 스스로 자신의 행위가 차별에 해당한다는 것을 인지하지 못한 상태에서 발생했을 가능성이 크다. 교육에서의 차별적 행위는 교사나 학교가 의식하지 못한 상태에서도 나타날 수 있으며 의도적인 차별과는 또 다른 의미에서 문제가 심각하다고 볼 수 있다. 고의보다는 과실에 의한 차별이 잘못의 정도가 덜하다고 볼 수 있을지 모르나, 문제는 이 경우 교사나 학생(특히 저학년의 미숙한)이 모두 인지하지 못한 상태에서 차별행위가 지속되고 그 폐해가 누적, 심화, 확산될 수 있다는 것이다. 즉, 교육차별에 대한 자각증세가 없는 가운데 치유의 기회도 기대할 수 없으며 더욱 악화될 수 있다는 것이다. 또한, 차별당하는 아이들이 부당하게 불이익을 당할 뿐만 아니라 교사의 그러한 행동방식을 어린 학생들이 무의식적으로 수용하고 학습하게 되는 경우도 나타날 수 있어 그 교육적 폐해를 헤아리기 어렵다.

지금까지 실제 교육소외 사례들을 소개하였다. 이들은 교육기회 접근 제한, 교육 부적응, 교육 불충분, 교육차별 등에 해당한다. 아마 독자 여러분도 본인이 또는 주변에서 비슷한 사례들을 경험하였을 것이다. 교육소외는 특정 취약집단이나 계층에만 해당하는 것이 아니라 우리 주변에서 일상적으로 발생할 수 있는 보편적 현상이라고 보아야 한다. 앞의 사례들에서 보았듯이 극심한 교육소외를 겪다가도 다행히 은인을 만나 희망을 찾고 정상적인 성장의 길을 걷게 되는 경우도 있지만 그런 행운을 만나지 못한 채 아픔을 겪고 인생이 굴절되는 사례도 많을 것이다. 교육소외는 우리들의 과거, 현재, 미래 삶의 모습에 크고 작은 상처를 입히게 된다.

* 교육소외 경험사례 에피소드를 보내주세요: kimih95@knue.ac.kr

2. 배움으로부터의 소외[6]

다음은 최근 중·고등학교의 학업중단 위기 학생이 겪는 교육소외의 모습에 관하여 질적 사례연구를 한 결과의 일부이다. 학업부진 및 부적응을 심하게 겪는 학생의 현실을 이해하는 데 도움을 준다고 생각된다.

• 수업과 성적에 대한 무력감과 낙심

수업에 대한 무력감은 학생이 교사의 통제 안에서 교사의 가르침 또는 지시에 순종하는 과정을 수행할 뿐 자아실현을 위한 생산적인 활동의 과정이라고 느끼지 못하는 데서 기인한다. 수업시간은 교사의 권력이 작동하는 시간으로 학생의 관심과 욕구가 교사의 학습계획과 충돌할 때 학생들은 '그냥 견디는' 시간이 된다.

학업중단 위기 학생들의 기본적인 소외감은 학습결과 즉, 성적에 대한 낙심이었다. 이들에게 성적은 자신이 아무리 노력해도 어차피 결정된 결과이다. 이러한 낙심과 무력감은 학습활동에서 자신의 노력이나 인지적 활동, 학습결과가 자신이 원하는 목표를 이루어내지 못하는 실패경험과 깊은 관련이 있다. 성적에 대한 낙심은 수업시간에 대한 무력감과는 질적으로 다르다. 학습자가 수업시간에 의미 없는 시간을 보냈다고 해도 자신이 노력한다면 성적은 '오를 수 있는 것'이라고 보는 것과 어차피 성적은 '나아질 수 없는 결과'라고 인식하는 것과의 차이다. 연구 참여자들은 대개 후자의 경우였다.

---

[6] 김경숙·김인희(2016). "중·고등학교의 학업중단 위기 학생이 경험하는 소외에 관한 질적 사례연구" 중 발췌

• 효용도 재미도 없는 배움

학업성취를 위하여 자신의 재능과 적성을 외면한 채 무의미한 학습을 수동적으로 하는 학생들은 배움에서 의미를 찾을 수 없다. 학업중단 위기 학생들이 인식하는 수업이란 대개 의미 없이 진도만 나가는 수업이었으며 이러한 수업내용은 자신의 미래에 전혀 도움이 되지 않고 쓸모가 없는 배움이며 특히 재미가 없어서 더욱더 의미 없다고 말한다. 의미 없는 진도 나가기 수업은 학습 과정에서 어떠한 의미도 부여하지 못한다. 학생들은 학교 수업시간에 학생들에 대한 고려 없이 진도만 나가는 것에 대해서 도저히 이해할 수 없는 일이라고 여긴다. 이들은 진도만 나가는 수업에 관해 부정적이다.

다양한 수업방법의 시도로 수업에 활력을 불어넣는 일은 모든 학습자에게 수업에 의미를 부여하고 참여를 이끄는 일이다. 하지만 수업개선에 대한 학교 차원의 노력과 제도화가 이루어지지 않으면 이는 교사 개인의 몫으로 귀결된다. 결국, 교과서에 의지하고 진도를 '충실히' 나가는 수업에 머무르기 쉽다.

학업중단 위기 학생들에게 절실한 것은 '진도가 아닌 배움이 실재하는 수업'이다. 수업관찰에서 영어 시간마다 엎드려 자던 한 학생은 대안 교실에서 진행하는 과학실험에서는 적극적이었다. 1대 8명 정도로 진행되었던 과학실험 시간에 그는 가장 먼저 실험수행을 하고 옆 친구를 도와주는 능동성을 보였다. 진도보다는 학생의 배움에 초점을 맞추고 개별적인 지도를 한 대안 교실 과학실험에서는 기존의 모습과는 상당히 다른 모습을 보였다. 배움이 늦는 학생들에게 진도만 빠르게 나가는 수업은 좌절과 실패를 안겨주는 수업이며 배움이 실존하지 않는 수업이지만 개별화 지도를 한다면 극복될 수 있는 문제라는 가능성을 보이는 지점이다.

고등학교에 가면 학교를 그만두겠다는 한 중학생은 학교에서의 수업내용이 자신의 미래의 삶을 준비시켜주지 못하기 때문에 쓸모가 없는 일이라고 여긴다. 학습을 통한 당장의 효과나 효용성이 느껴지질 않고, 미래에 큰 도움이 되지 않을 거라고 생각하기 때문에 학습에 대한 동기가 유발되지 않는 것이다. 이들은 대부분 눈앞에 드러나는 근시안적인 시각과 과정보다는 결과에 집착하는 결과론적 사고방식을 가지고 있었다. 따라서 지금 꾸준한 노력을 요하는 학습에 대해 자신에게는 '쓸모가 없는 일'이며 자신들의 미래에 '효용 가치가 없는 일'로 간주하였다.

학업중단 위기 학생들은 학습보다는 자신들이 지금 당장 하고 싶은 일에 더 가치를 둔다. 학업으로 사회에서 성공을 보장받기 어렵다고 생각하는 이들은 '공부보다 더 쓸모 있고 가치 있는 일'이 있다고 믿는다. 배우가 되고 싶은 친구, 엔지니어가 되고 싶은 친구, 목사님이 되고 싶은 학생도 있다. 그런 자신의 장래 꿈에 지금의 학업은 크게 효용 가치가 없다고 느낀다. 왜냐하면, 자신의 꿈과 학업은 크게 연관성이 없다고 생각하기 때문이다.

중·고등학교의 학업중단 위기 학생들에게 있어 '의미'는 '재미'를 의미하는 것으로 나타났다. 학생들에게 '의미'는 자기 꿈을 향한 진로나 학업성취를 통한 자아실현과 같은 뜻이기보다는 수업이 자신들에게 재미있고 흥미를 끌어내는 즉, '재미있는 수업'이 그들에게 '의미 있는 수업'이었다. 누구나 하기 싫은 것을 억지로 하면 재미가 없다. 하지만 학업 내용이 재미는 없어도 미래를 향한 준비라는 생각이 들거나 비전을 품게 되면 당장의 재미없음을 극복할 동력을 얻게 된다. 그러나 학업이 미래에 전혀 도움이 되지 않는다고 생각하는 학업중단 위기 학생들에겐 '재미없음'이 곧 '의미 없음'을 뜻했다.

3. 관계의 단절

필자가 2004년 3월 교육부의 교육복지정책과장으로 부임하여 처음 업무파악을 하던 중 전년도에 처음 시작된 교육복지투자우선지역 지원사업(교복투 사업)[7]의 결과보고서를 보며 깜짝 놀란 적이 있다. 1년간의 시범 운영 결과보고서는 반쪽 정도의 짧은 성과 기술 뒤에 3~4쪽이나 되는 분량이 갖가지 문제점으로 채워져 있었다. 당시 유례없는 엄청난 예산이 단위학교에 지원되는 특별히 중요한 사업이었는데 이렇게 문제가 많다는 것을 알고 나자 걱정이 되었다. 도대체 무슨 일이 벌어지고 있기에 이렇게 문제가 많은지 의문이 들어 바로 담당 직원과 같이 학교현장을 방문하였다.

학교를 방문하여 담당교사와 1시간 정도 사업에 관한 대화를 나누고 학교를 나서면서 나는 '이 사업이야말로 꼭 계속되어야 하는 사업이다'라는 확신이 들었다. 그리고 그 생각은 이후 지금까지도 바뀌지 않았다. 내가 그때 느낀 것은 분명, 이 사업으로 인해 학교에

---

7) 이 사업은 대도시 저소득층 밀집 지역의 교육환경을 개선하기 위하여 교육-문화-복지가 통합된 서비스를 학생들에게 제공하기 위하여 시작되었으며, 2003~2004년 서울과 부산을 대상으로 시범 운영한 뒤 2005년부터는 점차 전국으로 확대되었다. 2011년부터는 교육부로부터 시도교육청으로 이양되었고 사업대상도 도시지역으로부터 전국 모든 지역으로 확대되었다. 사업명칭도 교육복지우선지원(교복우)사업으로 변경되었다.

부적응하던 아이들이 긍정적으로 바뀌고 있다는 것이었으며, 아이들이 바뀌게 되는 관건은 거창한 것이 아니라 따뜻한 정을 나누는 소박한 인간관계의 회복이라는 점이었다. 선생님의 인간적인 관심과 따뜻한 격려 한마디가 아이들에게 큰 의미로 다가가고 학교에 다닐 의미를 되찾게 해주는 소중한 계기를 만들고 있었다. 사업이 시작되고 몇 개월 후에 인근 파출소에서 선생님께 묻더란다. "그 학교 애들 요새 왜 여기 안 와요?"

학교에 부적응하고 소외된 아이들에게는 소통과 교감이 이루어지는 인간관계의 경험이 매우 중요하다고 생각된다. 나는 가정의 기본적 기능이 '돌봄, 관계, 배움'이라고 생각한다. 정상적인 가정환경에서 성장하지 못하는 아이들은 제대로 된 돌봄, 제대로 된 관계 맺기, 제대로 된 배움의 기회를 얻지 못하게 되는 것이며, 이로 인한 성장, 발달의 손실은 학교생활을 해 나가는 데에서도 불리하게 작용하고 그로 인해 파생되는 문제들을 온몸으로 겪게 된다.

김정원(2007)은 교육복지사업을 통해 학교의 교사와 교육복지사들이 형성하게 된 교육복지에 대한 생각은 '학교가 관심을 기울이기 어려웠던 학생들과 함께하는 시간을 통해 형성되는 교사-학생 관계'를 핵심으로 한다고 지적하면서 교육복지를 결핍에 대한 지원이 아니라 단절된 관계의 회복 또는 새로운 관계의 형성으로 이해해야 함을 강조하고 있다. 이는 사회복지에서 말하는 사회적 배제(social exclusion)와도 관련되는데, 사회적 배제란 사회적 활동에 참여하지 못하고 인정받지 못하여 정상적인 사회구성원의 지위와 역할로부터 배제된 상태를 말한다. 결국, 정상적인 사회적 관계를 형성하지 못한 것이다.

성장 과정에서 가정을 통해 돌봄, 관계, 배움의 기회를 제대로 얻지 못한 아이들은 사회생활에 정상적으로 참여하여 인정을 받을 수 있는 사회적 역량을 키우는 데 있어서 약점을 지닐 수 있다. 그중에서도 특히 '관계 맺기'는 핵심역량으로 작용하게 된다. 성장 과정에서 부친과의 관계 경험이 아이의 적응유연성에 큰 영향을 미친다는 연구결과가 있다. 일방적이고 억압적, 권위적인 부친보다는 아이의 의사를 존중하며 대화하는 민주적, 허용적 부친의 자녀가 더 높은 적응유연성을 보인다는 것이다.

요컨대, 심한 교육소외를 겪는 학생들은 교육내용이나 방식의 문제 이전에 기본적인 관계 형성에서 어려움을 겪고 있을 가능성이 크다. '가정-학교-사회'로 이어지는 상황 속에서 긍정적, 생산적인 관계를 맺지 못하고 외롭고 힘든 현실을 견디고 있을지 모른다. 그들이 필요로 하는 것은 인간적인 대화, 따뜻한 관심과 진정한 소통, 자신이 원하는 부분에 대한 참여와 인정을 통하여 자기 자신을 포함한 세상과 스스로 주체가 되어 새로운 긍정적 관계를 맺는 것이다.[8]

4. 학교 밖 청소년

2018년 한 해 동안 전국 초·중·고등학교의 학업 중단자 수는 5만 명을 넘어섰으며 학업중단의 가장 주된 이유는 학교생활에 대한

---

8) 광주희망교실은 대부분의 광주지역 초중고 교사들이 자발적으로 참여하는 사제동행 프로그램으로서 교사와 학생 간의 인간적인 관계를 강화하면서 학생들의 긍정적 변화와 학교 문화 개선을 가져오는 성공적인 경우라고 생각된다. 이에 관한 내용은 김인희 외(2017). "광주희망교실 성과분석 및 발전방안"을 참고 바람.

부적응이라고 한다. 학교를 그만두면 이들은 더 이상 학생이 아니라 '학교 밖 청소년'이라 불리고 주무 부처도 교육부에서 여성가족부로 바뀐다. 아이들은 학교를 그만두기 이전부터 학교생활에 어려움을 겪는데 대체로 교사와의 관계에서 오는 갈등, 친구들로부터의 괴롭힘, 학교폭력으로 인한 고충, 심한 학업부진, '숨통 조이는' 학교생활에서 오는 스트레스, 게다가 부모의 무관심이나 부적절한 지원 등이 결합하여 결국 학교를 그만두는 막다른 결정에 이르는 경우가 많다. 학업중단이 결정되는 과정에서 받는 상처도 작지 않다고 한다.

어떻게 학교를 그만두든 학교 밖 세상은 그들의 생각보다 힘든 곳이다. 진로정보가 부족하고 학업이나 진로를 지도받을 멘토도 없는 상황에서 검정고시 준비나 알바 등으로 지내는 경우가 많으나 세상의 사각지대에서 받는 불편한 시선과 편견, 차별적 대우 등으로 심리적 고통을 겪는 경우가 많다. 무엇보다도 자신의 미래에 대한 불안과 불리함은 학교 밖 청소년들이 피해 갈 수 없는 냉엄한 현실이다.

다음은 채효정(2011)의 '학교가 버린 아이들, 학교를 버린 아이들'이란 글의 일부 발췌이다. 학교 밖 청소년의 소외 문제를 좀 더 깊이 알고 싶다면 꼭 전체 글을 읽어보시기를 권한다.

> "수업시간에 힘든 것 이상으로 아이들을 힘들게 하는 것은 공부 못하는 아이들에 대한 편견이었다. 공부를 못하는 아이는 노력하지 않는 사람, 게으른 사람, 끈기가 부족한 사람, 자신과의 싸움에서 이기지 못하는 사람, 학급 평균 까먹어서 전체에 피해 입히는 사람, 선생님과 부모님을 부끄럽게 만드는 사람, 얼굴이나 옷에만 신경 쓰는 사람, 놀기만 좋아하는 사람, 앞날이 답답한 사람 …, 그런 사람을 의미했다. 면담 과정에서 "공부 잘하는 애였으면 안 그랬을 거"라는 말을 얼마나 많이 들었는지 모른다. 흡연 교칙 위반이 세 번 누적돼 퇴학 직전에 자퇴한 태훈이는

우리 반 1등도 담배 피웠는데 나처럼 그걸로 자르기야 했겠냐고 했고, 원래 머리 색이 갈색인데 염색했다고 다짜고짜 뺨을 맞은 주원이도 공부 잘하는 애 같았어도 선생님이 그랬겠냐고 했다."(pp. 80-81)

"학교가 아닌 다른 곳에서 무엇을 배우고 어떻게 생활할 것인가를 계획하고 준비한 후에 학교를 떠나는 아이들은 극히 소수에 불과하다. 대부분의 학교 중단 청소년들이 이와 같은 방식으로 학교를 때려치우거나, 잘리거나, 밀려 나온다. 중단 방식을 보면 대부분이 이러한 '우발적 중단 유형'에 속한다. 아무런 준비 없이 학교를 나온 후에는 학교 밖 생활에 어려움을 겪고 다시 안정적인 진로를 잡기까지 방황하는 시간이 너무 길었다."(p. 86)

"학교에 다니지 않는 시간이 길어질수록 아이들의 삶은 피폐해진다. 가까운 가족은 물론이고 이웃과 사회로부터 이해받지 못하면서 아이들은 외로움, 무섭고 두려운 마음, 불안감, 자포자기와 무력감 속에 빠져 있다가 때로는 재미를 찾아 나선 놀이에서 비행의 유혹에 빠지고, 때로는 나쁜 어른을 만나 가슴 아픈 험한 일을 겪기도 한다."(p. 89)

"학교를 중단하는 청소년의 수도 학교 안의 문제를 드러내는 충격적인 것이지만, 더욱더 큰 충격은 학교 중단 이후의 삶이었다. '청소년 = 학생'이라고 당연히 간주하는 사회제도 안에서는 청소년들이 학교를 중단하게 되면 동시에 모든 사회적 안전망과 지원으로부터도 함께 단절된다. 학교에 있지 않은 청소년들은 자연인으로서는 존재하나 사회구성원으로서는 어느 집단에도 포함되지 않기에 사회적으로는 '존재하지 않는 존재'가 된다. 그들은 학생이 아니란 이유로 학생 할인이 되는 모든 곳에서는 학생 할인의 대상이 될 수 없고 배가 고파도 무료급식의 대상이 아니며, 그럼에도 아직 청소년인 터라 직업이 없어도 실업수당이 없고 돈이 필요해도 대출을 받을 수가 없으며 당연히 장애인이나 고령자 혜택 같은 것도 받을 수가 없다. 청소년들은 참정권이 없기에 그나마 선거 때만이라도 반짝하는 소수자에 관한 관심도, 지원 약속도 없다."(p. 92)

"학교를 나온 후 꼭꼭 숨어 버린 아이들을 어떻게 찾겠느냐고 하지만,

낯선 이들에게 제 이야기를 털어놓을 애들이 어디 있겠냐 싶지만, 그렇지 않았다. 아이들은 기다리고 있었다. 우리의 관심을 원하고 지원이 필요하였다. 아이들은 자신들에게 접근하는 어른들이 자신들을 이용하려는 사람인지 도우려는 사람인지를 거의 본능적으로 알 수 있을 뿐이고, 우리는 그들을 돕기 위해 먼저 찾아가고 다가가는 것을 하지 않았을 뿐이다. 나는 이러한 이야기를 거리에서 청소년들을 찾아서 만나고 돕는 일을 오래도록 해 오신 분에게서 똑같이 들었다. 아이들은 '마치 기다리고 있었던 듯했다.'라고."(p. 93)

제3장 교육소외의 원인[9]

　교육소외는 교육상황과 학습자 간 쌍방 관계에서 나타나는 현상
이므로 그 원인도 교육상황과 학습자 개인 양측에서 찾을 수 있다.
구체적인 교육상황은 또한 이를 둘러싼 사회환경, 교육체제, 교육의
내용과 방법, 교육환경 등 다양한 요소에 의해 영향을 받고 있으며,
학습자도 개인적, 경제적, 사회문화적 조건 등에 있어서 다양한 특
성을 지니고 있어, 구체적인 교육장면에서 나타나는 교육소외 현상
은 곧 이들 다양한 요소 간의 상호작용과 결합에 따라 나타나는 복
합적인 것이라고 할 수 있다. 이 장에서는 이와 같이 교육소외에 직
접, 간접으로 영향을 미친다고 생각되는 교육상황, 즉 환경적 요인
들을 집중적으로 살펴보고자 한다. 그 이유는 개인에 귀속되는 신체
적, 가정적, 경제적, 사회적 조건들은 중요한 교육소외의 원인이지만
정책적으로 대응하는 데 근본적인 한계가 있는 데 비해 사회제도,
교육시스템, 학교와 같은 환경적 요소들은 국가와 사회의 책임 있는
개선 노력이 이루어져야 하고 또 노력 여하에 따라 성과를 기대할
수 있는 영역이기 때문이다.

　19세기 미생물학자 루이 파스퇴르는 질병의 원인과 예방에 관한
연구에서 큰 업적을 남겼는데, 임종 때 그는 "병원균은 아무것도 아

---

9) 김인희(2013). "교육소외 해소를 위한 학교의 교육복지역량 강화" 논문 중 발췌 수정함.

니다. 중요한 것은 토양이다"란 말을 남겼다(Cavanaugh, 2017). 이를 교육소외에 비유하면, 병원균이 학습자 개인이 지닌 취약점이라면 토양은 교육환경이라고 할 수 있겠다. 교육소외는 개인의 취약점보다도 그러한 점들이 교육소외로 이어지는 것을 방치, 심화, 확산시키는 교육환경, 더 나아가 사회환경의 문제가 더욱 중요하다고 볼 수 있다는 것이다.

1. 사회환경적 요인

다음에 논의하는 사회환경적 요인은 학습자의 교육소외에 직접 영향을 미친다고 단언하기는 어렵지만, 교육소외를 발생시키는 교육체제의 구조적, 문화적 조건에 지대한 영향을 미친다고 볼 수 있다.

가. 피로사회(müdigkeitsgesellschaft)와 성과주의

한병철(2012)은 '피로사회'라는 책에서 오늘의 사회를 성과사회로 보며 이는 성과를 향한 압박 속에 사회구성원들의 끝없는 노동에서 나타나는 과잉 긍정, 과잉 행동으로 특징지어진다고 한다. 이러한 자발적 강제 속에 휴식과 변화 없는 반복, 강화, 그리고 결국 자기착취로 인해 더 이상 할 수 있는 일이 없게 될 때 인간은 우울증에 빠지게 되며, 성과사회의 분열적 피로로 인해 개인적 고립, 무력감, 무의미를 경험하게 된다고 한다. 한편, 근본적으로 이러한 과잉 긍정 사회에는 부정(No)과 분노가 없으니 변화의 가능성도 존재하지 않으며 계산만이 중시된다고 지적한다.

나. 거대구조·관료제

이석재(1987)는 오늘날 인간 생활의 공적 부문은 거대구조 (megastructure)에 의해 움직이며, 기계적 능률과 비인격성을 중시하는 것이 특징이라고 한다.[10] 상대적으로 사적 부문에는 자유가 존재하여, 사람들은 의미와 정체성을 사적 영역에서 찾으려는 경향이 있다. 그러나 사적 영역은 매우 불안정하고 불확실하여 언제 깨어질지 모르기 때문에 만일 사적 영역에서조차 의미와 정체성을 찾기 어렵게 된다면 공적 부문의 비인격성을 감내하기가 더 어려워지고 인간은 붕괴의 위기에 놓이게 된다고 주장하고 있다.

이와 같은 논의는 관료제에 관한 비판적 논의 중 인간소외 현상을 지적하는 견해와 맥을 같이한다. 조직 운영에 있어서 사사로움과 비공식성을 배격하고 공식성과 몰개성(沒個性, impersonality)을 중시하는 관료제의 병폐로 나타나는 현상을 Scott(1992)는 과잉동조 (overconformity)와 소외(alienation)로 보고 있다. 관료제 속의 개인은 조직의 목적 달성을 위한 도구로 수단화되며 전체를 위해 제한된 기능을 수행하는 부속(accessory)과 같은 존재에 불과하다. 관료제 내에서는 개인의 능력이 제한적으로 이용될 수밖에 없으며, 그가 가진 총체적 잠재력을 발휘할 기회는 극히 제한된다. 이러한 상황에서 개인이 정서적으로 충만감을 느끼고 자기가 가진 능력을 최대한 발휘함으로써 성취감을 느끼고 성장해 나가는 자기실현의 기회를 얻기란 쉽지 않다(김인희, 2008).

---

10) Pappenheim(2003)은 비인격화의 경향을 "기계시대의 최심부에 있는 경향, 곧 생명적이고 유기적인 것을 버리고 기계적이고 조직적인 것으로 이끌어가는 경향"을 의미한다고 설명한다.

관료적인 학교에서 교사들은 위로부터 내려오는 과제를 수행하고 이를 정해진 방식과 절차에 따라 주어진 시간 내에 차질 없이 수행하여야 할 것을 요구받는다. 이를 수행하는 데 자율과 창의의 발휘는 우선적인 가치를 지니지 못한다. 외부로부터, 위로부터 부과되는 시간적 틀에 의해 구속되며 충분한 학습시간을 갖기 어렵다. 과업수행에 대한 평가는 주로 외재적 기준과 보상에 따라 이루어진다. 내재적 욕구를 충족하기 어려운 경우가 많으며 이러한 영역은 평가에 반영되지 못한다. 학생을 가르치고 지도하는 일과 관련이 적은 일들에 시간과 에너지를 소모하다 보면 막상 본연의 일에 충실하기 어렵게 되며 자기 일에 의미를 부여하고 성취감을 맛보기가 점점 더 어렵게 된다. 이는 곧 교사가 자신의 본질적인 과업으로부터 이탈되어 의미를 상실해가는 '소외' 상태에 놓임을 의미한다.

다. 합리적-구조적 접근

지금까지 수많은 교육개혁 노력, 다양한 교육정책들이 교육에서의 변화와 발전을 목표로 내세워 왔으나 대부분 성공적이지 못하고 실질적인 변화를 가져오는 데 실패하는 경우가 많았다. 이에 대하여 여러 학자는 교육개혁, 정책의 접근법이 변화를 가져오는 데 적합한 방식이 아니었음을 지적하고 있으며, 지금까지의 접근 방식을 합리적-구조적 접근(Evans, 1996; 김인희, 2008), 또는 기계적(mechanistic) 모델(Hargreaves, 1994), 힘의 조작 접근법(Combs, 1996), 공학주의(서근원, 2012) 등으로 부르고 있다.

이 접근법은 두 가지의 큰 가정을 전제로 하는데, 첫째는 세상은 질서 있게 운행되며, 둘째로 인간은 합리적으로 행동한다는 것이다. 이는 곧 세상이 운행되는 보편적인 법칙을 알고 인간이 추구하는 목적을 알면 세상의 현상과 인간의 행동을 설명할 수 있으며 더 나아가 그 통제 수단을 가지고 있다면 세상의 운행과 인간의 행동을 원하는 대로 바꿀 수 있다고 보는 것이다. 이는 실증주의와 행동주의에 바탕을 두고 있는 사고라고 할 수 있으며(김인희, 2008), 사실상 오늘날의 사회를 움직이는 가장 대표적인 사고방식이라고 할 수 있다. 이 접근법은 능률성, 논리성, 객관성을 중시하고 인간의 내면보다 객관적 사물에 초점을 두며 특히 사물 간의 선형적 인과관계에 관심을 둔다. 이러한 사고방식은 효율을 중시하는 과학기술과 경제, 산업 분야에서 큰 힘을 발휘했다고 본다.

이에 대한 비판의 초점은 이 접근법이 선형성, 합리성, 공식적 구조를 지나치게 중시하는 반면 현장의 생명력 있는 현실, 인간의 심리, 변화의 과정을 방관하고 있다는 것이다(Evans, 1996). 또한, 현실 그 자체를 지나치게 단순화함으로써 선형적 인과관계보다 훨씬 복잡하게 얽혀 상호작용하는 사물의 관계를 이해하는 데 실패하고 있다는 것이다(김인희, 2008). 이와 같은 순진하고(naive) 지나치게 낙관적인 현실관에 기초한 변화 노력은 변화의 과정(process)을 지나치게 단순화하는 반면 상대적으로 투입을 중시함으로써 변화 과정의 역동성과 창조성, 우발성(contingencies) 등을 제대로 담지 못하고 결과적으로 실질적인 변화를 가져오는 데 실패하는 경우가 많다.

김인희(2008)는 교육개혁의 접근법에 있어서 이러한 합리적-구조적 접근을 '관리 모드'라 칭하여 '변화 모드'와 대비하면서 관리 모드에 의한 교육 변화 추진은 실패할 뿐만 아니라 그러한 변화가 추진되는 과정에서 교사와 같은 개인들은 변화의 주체가 아니라 변화의 수동적 객체가 되고 비현실적, 비일관적인 과제 수행 요구에 형식주의적으로 대응하며, 내재적 동기보다 외재적 동기유발을 강조하는 교육정책으로부터 성취감을 맛보지 못하고 도리어 불만과 회의가 늘어난다고 본다. 이는 곧 변화의 주체가 되어야 할 교사들에게 있어 위로부터, 밖으로부터의 교육개혁 시도는 오히려 의미를 상실해 가는 과정이며 곧 교육개혁과 교사가 서로 소외되어 가는 과정이라고도 할 수 있다.

라. 신자유주의의 문제

자본주의 사회에서 빈익빈 부익부 현상의 발생은 어쩌면 필연적인 현상이라고 할 수도 있다. 그러나, 교육 분야에서의 신자유주의적 원리 적용은 교육기회의 계층 간 격차를 더욱 부추기는 결과를 가져올 수 있다. 5.31 교육개혁에 담긴 신자유주의 기조, IMF 경제위기 이후 강화된 우리 사회 전반의 신자유주의 원리는 경제, 사회 전반 및 교육기회 면에서 빈부격차가 확대되는 데 기여하였다고 볼 수 있을 것이다. 신자유주의가 기반으로 하는 공급자의 경쟁과 소비자의 선택, 즉 시장원리는 강점과 동시에 약점을 지닌다. 그 약점을 제대로 보완하지 못하는 상태에서 이를 교육영역에 적용하는 것은 매우 심각한 비교육적 역기능을 초래할 수 있다. 예컨대, 시장경쟁에서는 공급자의 성공과 실패를 전제로 한다. 공급자가 실패한다고 해서 그 과정에서 소비자가 손해를 보는 것은 아니다. 그러나 교육공급자인 학교의 경우 자유경쟁의 결과 실패를 했을 때 그 피해는 소비자인 학생에게 고스란히 돌아가게 된다. 학생은 상품이나 서비스를 고르듯이 언제든지 자유롭게 학교를 바꿀 수 있는 것이 아니다.

학교의 교사에게도 공급자로서 성공자와 실패자의 발생을 전제로 무조건 경쟁을 요구하는 것은 적절치 못하다. 누군가는 이 교사에게 수업을 듣고 지도를 받아야 하는 구조에서 실패를 전제로 하는 완전경쟁을 요구하고 그에 따라 교사를 평가하는 것은 무리이다. 또한, 경쟁의 기준이 무엇이 되는가에 따라 교육이 왜곡될 수 있다. 예컨대, 학교에 대한 평가 기준이 일류 학교 진학률이고 학교 간에 이 기준에 의한 경쟁이 요구된다면 학교의 교육과정 운영에서 진학률을 높이는 일과 관련이 적은 교육 활동, 교육적 가치들은 소홀히 다루어져 주변화(marginalized)될 것이다. 이는 정상적인 교육을 저해하며 그만큼 학생들의 정상적인 성장과 발달을 막는 것이다.

이돈희(1999)는 제도로서의 교육에 있어서 정의(正義)란 곧 교육기회 배분의 평등을 의미한다고 하였고, '정의란 무엇인가'의 저자 Sandel도 교육에서의 정의란 모든 학생이 잠재력을 발휘할 수 있는 교육제도를 만드는 일이라 하였다. 우리 헌법과 교육기본법에도 국민의 권리로 교육기회에 있어서 차별받지 아니함을 선언하고 있으나, 우리 사회에서는 교육의 계층 간 양극화 현상이 심화하고 있으며 다문화가정 자녀, 탈북 청소년, 외국인 근로자 자녀 등 사회문화적으로 교육의 불리함을 지닌 이주 배경 아동·청소년도 지속해서 증가하고 있다. 교육기회에 있어서 경제적, 사회문화적 요인 등으로 인해 소외되거나 그 격차가 발생하는 사회구조는 교육소외를 생산하는 중요한 사회환경 요소라고 할 수 있다.

2. 학교조직 요인

학교조직은 나름의 특수한 문화를 형성하고 그 문화는 학교의 실제 기능 수행에 영향을 미친다. 다음은 학교조직의 소외 생산적 속성에 관련된 비판적 지적들이다.

가. 아이를 버리는 학교, 학교를 떠나는 아이들

조한혜정(2007)은 대학입시 준비교육과 권위주의적 통제문화, 경직된 획일적 풍토, 소수에 초점을 맞춘 교육 운영 속에서 흥미와 의미를 찾지 못하고 소외되어 부적응하고 저항하며 고통받는 청소년의 방황 실태를 제시하면서 '중세 성곽'같이 남아 있는 학교의 체질개선이 이루어져야 함을 주장하고 있다. 조한혜정(2000)은 이와 같은 권위주의적이고 경직, 획일화된 학교의 모습은 근대 산업사회의 기획물로서 산업화시대에는 대량생산체제로서 제 기능을 수행하였으나, 후기 산업사회와 정보화 사회가 맞물린 오늘의 사회환경에서는 부적합할 뿐만 아니라 학교의 고객인 학생들이 지니는 또래문화와 다양한 성장 욕구를 수용할 수 있는 역량이 없어 학생들은 부적응하고 교실은 붕괴하는 현상이 나타난다고 해석하고 있다.

나. 학교 교육 부실과 그 원인

신군자(2004)는 학교 교육의 문제를 '공교육의 위기'에서 찾으며 이는 수업지도의 곤란과 생활지도의 곤란으로 규정될 수 있다고 본다. 학업부실 문제가 형성되는 발단은 수업 이해의 곤란에서부터 시작되

며, 이는 곧 생활지도 곤란 문제로 연결된다고 본다. 수업 이해 곤란
은 수업 부실을 유발하고 학습의욕의 상실은 지도 차원의 문제를 야
기한다. 학교 교육의 주요 구성요소인 교사, 학생, 교육과정 간의 관
계에서 교육의 적합성이 상실되고 수업이 공동화(空洞化)되며 생활지
도가 불가능하게 됨으로써 사교육의 의존이 강화되고 있다는 것이다.

또한, 교육개혁에 대한 하향식 접근이 학교구성원들이 교육개혁
의 대상이 되었다는 소외감을 느끼게 만들어 개혁 추진에 대한 이들
의 자발적 참여와 적극적 협조를 유도하는 데 실패하는 한편, 그 후
유증으로 교사의 사기 저하와 교권 실추를 초래하는 등 학교 교육
부실의 구조적 원인으로 작용하고 있다고 본다.

다. 상처를 주는 학교

Olson(2009)은 저서 'Wounded by school'에서 학교가 학생에게
줄 수 있는 상처에 관하여 지적하고 있는데, 학교 교육 운영에 있어
서 아직도 존재하고 있는 산업모델이 초래하는 학교의 모습으로부
터 학생들이 상처를 입고 그것은 결국 학교 자신이 상처를 입는 결
과를 가져온다고 지적한다. 산업모델 교육이 가져오는 학교의 모습
은 침해적(caustic)이며, 소외를 조장하고, 반지성적이며, 학생에게는
선택과 자기 주도로부터 오는 기쁨이 주어지지 않고 그저 정해지는
대로 따라야 하는 의무만이 주어진다. 이런 교육장면에서 학생들은
실수하는 것을 두려워하게 되고 소극적, 방어적으로 되어간다. 이러
한 문제는 결국 학교의 운영방식과 학교 내 행태를 지배하는 조직문
화로부터 비롯되는 것인바, 산업모델의 문제점은 다소 용어를 달리

하기는 하지만 유사한 관점에서 Combs(1991), Hargreaves(1994), Evans(1996), Darling-Hammond(1997) 등 여러 학자에 의해 제기되어 왔다(김인희, 2011 재인용).

라. 학교의 형식주의, 소외생산 문화

우리 학교에는 형식주의 문화가 심각하게 나타나고 있음이 지적됐는데, 양승실 외(2001)는 학교에서 이루어지는 활동 전반 - 수업, 학교규칙, 교육과정 운영, 학교 내 지원체제 - 에 형식주의가 작동되고 있음을 지적하였으며, 김병찬(2003)은 중학교 교사들의 문화적 특징의 하나로 형식주의를 들고, 형식주의는 수업을 비롯하여 다양한 활동에서 나타난다고 지적하였다. 김인희(2007)는 학교 형식주의의 원인을 학교 외부와 내부에서 찾으며, 특히 교육개혁과 교육행정의 추진방식에서 오는 구조적 외부요인의 영향이 더욱 심각하게 문제가 됨을 지적하고 있다.[11]

실질적 변화의 조건과 기제를 갖추지 못한 상태에서 외부적 압력에 의해 학교의 변화 요구가 지속하는 상황에서 학교구성원의 현실적인 선택은 '안전을 위한 가장(safe simulation)'이다. 이를 통해 공식적으로 요구되는 최소한의 의무를 이행하는 것으로 자신의 안전은 유지될 수 있으나, 그것으로 성취감을 얻을 수는 없으며 진정한 변화 노력을 유인하지 못한다(김인희, 2008). 안전을 위한 가장은 교사들의 열정에 기초한 헌신을 끌어내지 못하고 피상적인 변화에 그치게 한다(Hargreaves, 1994, 김인희, 2011에서 재인용).

---

11) 형식주의의 상세한 내용은 제4장에서 다룬다.

이와 같은 형식주의적 학교문화 속에서 개인은 소외에 직면하게 된다. 왜냐하면, 이러한 조직환경 속에서 개인은 자신에게 유의미한 경험을 갖기 어렵게 되며, Seeman(1959)이 지적한 바와 같이 무의미 (meaninglessness)는 바로 소외의 핵심적인 요소가 되기 때문이다. 형식주의는 소외와 동전의 양면 관계에 있다고 할 수 있다. 조직의 형식주의 문화는 개인을 소외시키고, 소외된 개인이 조직에서 생존하는 방식은 형식주의적 반응일 수밖에 없다(교육인적자원부, 2006).

마. 학교에서의 차별

유네스코의 '교육차별 철폐협약(Convention against Discrimination in Education)'은 교육의 기회 및 대우에 있어서 인종, 피부색, 성별, 언어, 종교, 정치적 또는 기타 의사, 국적, 사회적 출신, 경제적 조건, 출생 등에 의해 평등을 해치는 행위를 차별이라 보고 이를 금지하고 있다(김인희, 2005). 우리나라 교육기본법 제4조에서도 "모든 국민은 성별, 종교, 신념, 인종, 사회적 신분, 경제적 지위 또는 신체적 조건 등을 이유로 교육에서 차별을 받지 아니한다."라고 선언하고 있다.

'교육 불평등'은 교육차별과 유사한 개념으로서 교육사회학에서는 교육의 불평등을 보통 교육의 기회, 과정, 결과에서의 불평등으로 구분하여 설명하는데, 이때 특히 '교육의 과정(process)'에서의 불평등이 학교에서의 교육차별과 연관된다고 할 수 있다. 즉, 학교의 교육 활동 과정에서 작용할 수 있는 차별적 요소를 지칭하며, 만일 그러한 요소가 있다면 이는 철저하게 파악되고, 원인 규명되고, 해소되어야 한다. 학생들이 가장 싫어하는 선생님이 차별하는 선생님이라는 이야기는 매우 익숙한 이야기이다. 학생들은 차별에 민감하며, 교육에서의 차별이 가져오는 학생의 소외, 그로 인해 발생하는 교육 소외는 그 자체로 중대한 폐해일 뿐만 아니라 비교육적이고 위법적이다. 또한, 그러한 차별적 요소의 작용을 방치하거나 조장하는 제도나 정책이 있다면 이는 균등한 교육을 받을 권리를 침해한다는 점에서 위헌적이다.

3. 교육 내재적인 요인

소외를 발생시키는 교육이란 학습자에게 유의미한 학습경험을 제공하는 데 실패하는 교육으로서 교육 그 자체에 중대한 결함이 있는 경우를 의미한다. 학습자가 유의미한 학습경험을 갖지 못하는 이유에는 교육소외의 유형(표 1)에서 제시되었듯이 교육의 내용이나 방법이 학습자의 교육적 요구에 적합하지 않은 경우가 있다. 교육이 이루어지는 데 있어 어떤 철학과 관점에 바탕을 두는가에 따라 매우 다른 내용과 방법의 교육 활동이 이루어질 수 있으며, 학생들의 학습경험과 성취의 양상도 매우 다른 모습으로 나타날 수 있다. 여기서는 학습자의 유의미한 학습경험을 저해할 소지를 안고 있는 교육의 관점이나 실천에 대하여 살펴볼 것이다.

가. 여는 교육과 닫는 교육

교육은 학습자의 성장 잠재력을 바탕으로 이를 최대한 개발하고 발휘하여 성장, 발전해 나갈 수 있도록 돕는 행위이다. 과거의 학습은 현재의 학습을 가능하게 하고 현재의 학습은 다시 앞으로의 학습을 가능하게 하여 끊임없이 새로운 수준과 새로운 영역으로 발전해 나갈 수 있어야 한다. 즉, 교육은 학습자의 새로운 발전 가능성을 열고 나아갈 경로를 제시하는 역할을 기본으로 한다. 이러한 역할을 제대로 수행하는 교육을 '여는 교육'이라고 부르고자 한다. 학습자가 계속된 발전을 통해 새로운 지평에 이를 수 있도록 도와주는 교육이라고 할 수 있다. 이와 같은 교육이 가능하려면, 교육이 이루어지는 장면 전반에 소통, 자율, 다양, 유연, 포용, 공정, 개방, 주인의식, 교감, 공명, 돌봄, 본질 충실과 의미부여와 같은 요소들이 활발하게 작동하여야 한다.

반대로 '여는 교육'의 대척점에 '닫는 교육'이 존재한다고 상정할 수 있다. 어떤 교육이 '닫는 교육'의 모습일까? 앞에 설명한 교육에 반대되는 교육, 즉 학습자의 지속적인 성장과 발전을 가로막는 교육이 이에 해당한다고 할 수 있으며, 그러한 교육의 모습에서는 경직, 획일, 독단, 차별, 배타, 편견, 고정관념, 폐쇄성, 수동성, 본질 이탈 및 형식성 등을 발견할 수 있을 것이다.

정기오(2005)는 우리 교육의 특징을 사회적 선발(social selection)에 치중된 교육으로 보며 이는 인간의 전인적 소양과 역량을 함양하는 bildung[12]으로서의 교육의 측면을 심각하게 결여하고 있다고 보고 있다. 즉, 교육을 받는 목적이 사회적 출세를 위한 것으로 간주되고 이는 필연적으로 경쟁적인 구도를 조성하며 대학입시와 같은 평가를 통해 경쟁과 선발이 이루어지는 가운데 현실적으로 교육은 시험성적을 올리는 일에 집착하게 되는 것이다. 그 과정에서 교육 본

---

12) 독일어의 bildung은 '형성, 조성, 생성'이라는 의미를 지닌다.

래의 기능인 bildung의 차원은 뒷전이 되는 현상이 초래된다. 이와 같은 경쟁적 교육풍토와 본래의 기능을 수행하지 못하고 본질에서 이탈된 교육의 실제 모습 속에서, 하나하나 소중한 학습의 주체로서 의미 있는 학습경험을 통해 다양한 잠재 역량을 개발하면서 성장해야 할 수많은 학습자가 성적 위주의 폐쇄적이고 획일화된 교육에 따라 제대로 자신에 맞는 학습 기회를 얻지 못하고 소외되는 현상이 발생하고 있다.

또한, 우리 교육은 표준화, 규격화된 인간을 기르는 것을 목적으로 하는 듯이 획일적이고 경직된 교육을 시행하고 있다고 지적됐다. 표준화된 교육이란 사실상 어느 누구에게도 정확하게 부합되지 않는 교육일 수 있음을 의미한다. 성열관(2012)은 우리 학교 교육과정 운영의 획일성이 우리나라 사람들의 공통되고 보편적인 경험임을 지적하고 있으며, 김정원(2005)은 획일성의 원인으로 특정 대학과 학과에 초점 맞추어진 대입 경쟁의식, 지식습득을 위해 가장 유리하고 쉬운 교육방법의 필요, 학교 교육의 다양화는 비교과 영역에서만 가능하고, 인성함양과 학력 향상 영역의 관행적 분리와 인성교육 영역의 부실과 형식화 등을 들고 있다.

나. 교육의 내재적 목표와 외재적 목표

Dewey(1916)는 교육에 있어서 목표(aim)에 대하여 논하면서 학생의 학습활동 속에 내재적 연속성(intrinsic continuity)이 유지되어야 함을 강조한다. 교육의 목표는 아무런 의미를 지니지 못하는 단순한 결과(result)가 아니라 의도된 바에 의해 질서 있는 과정을 거쳐 의미 있는 완성에 이르는 성취(end)를 가져올 수 있어야 하는바, 학습 과정이 우발적이거나, 변덕스럽거나 불연속적인 방식에 의해 진행된다면 결코 실현될 수 없는 것임을 지적하고 있다. Dewey는 내재적 연속성을 위협하는 외재적인 목표(external aims)가 갖는 문제점에 대하여 다음과 같이 설명하고 있다.

> 그들은 우리의 활동 밖에 놓여 있는 목표들, 구체적인 상황 형성과 무관한(foreign) 목표들, 외부 원천으로부터 발생한 목표들을 제시한다. (중략) 어떤 경우에도 그러한 목표들은 우리의 지적 활동을 제약한다. 그들은 현실적으로 가능한 대안 중에 더욱 나은 것을 예견하고, 관찰하고, 선택하고자 하는 우리의 마음(mind)을 표현하는 것이 아니기 때문이다. 그들은 우리의 지적 활동과는 상관없이 외부적 권위에 의해 이미 결정된 상태로 부과되어 우리에게는 수단에 대한 기계적 선택만을 남겨둠으로써 우리의 지적 활동을 제약한다(Dewey, 1916: 104).

외재적인 목표는, 자신의 주어진 현실에서 문제를 인식하고 이를 해결하기 위하여 노력하고 있는 학습자의 처지에서는 자기가 당면한 현실과 연계성이 부족하고 절실하지 않으며, 오히려 그것보다 시급하고 중요한 문제가 있다고 생각할 수 있다. 외재적인 목표를 받아들인다는 것은 종종 현실과의 단절을 의미한다. 이러한 상황은 학습자의 문제 해결을 위한 내재적 동기를 유발하지 못하고 오히려 이를 가로막으며 문제 해결을 위한 지적 역량의 발휘를 저해한다. 결국, 학습과제가 자신의 문제로 의미 있게 받아들여지지 못하며 마지못해 수행해야 할 부담으로 다가온다.

학습은 내재적인 목표의 안내에 따라 연속적인 과정으로 진행되어야 하며 이는 문제를 인식하고 대안을 모색하며 선택하는 일련의 지적인 작용이다. 이와 같은 문제 해결의 과정이 자기 주도적으로 이루어질 때 효과적인 학습이 실현될 수 있으며, 외재적인 목표에 따라 지배되는 교육이 진행된다면 학습자는 유의미한 학습 기회로부터 소외될 수밖에 없다.

다. 무의미한 음절 학습과 경험적 학습

Rogers와 Freiberg(1994)는 학습에는 두 가지 상반되는 학습형태를 양극으로 하는 연속체(continuum)가 존재한다고 보는데, 한 극은 무의미한 음절 학습(learning of nonsense syllables)이며 다른 한 극은 의미 있는 경험적 학습(experiential learning)이다. 전자는 학습 내용의 의미를 모르는 채 무조건 암기하는 학습을 말한다. 분리된 음절에는 아무런 의미가 없으며 학습자는 거기에 의미를 부여하기 어렵다. 이는 암기하기도 어려울뿐더러 쉽게 잊힌다. 배우는 내용에 맥락을 제공할 수 있는 배경을 갖지 못한 학습자는 학습에 어려움을 겪게 된다. 문화적 경험이 없는 학생들이 문화적 맥락의 이해를 요구하는 학습에 어려움을 겪게 되는 이치이다. 즉, 무의미한 음절 학습이란 학습자가 학습 내용에 의미를 부여할 수 없어 이를 이해, 습득하기 어려운 모습의 학습을 의미한다.

이와는 대조적으로, 경험적 학습은 학습자가 자기 생각과 느낌을 통해 학습경험의 의미와 중요성을 이해하게 되는 학습을 말한다. 이 경우 학습자는 학습경험을 통해 자신만의 좁은 인식 세계에서 벗어나 또 다른 세상으로 나아가는 경험을 하게 된다. 학습자는 자신의 이전 경험을 바탕으로 새로운 학습 내용이 자리하고 있는 맥락을 이해하고 그 속에서 그 의미를 부여할 수 있게 된다.

Rogers와 Freiberg(1994)는 이러한 경험적 학습이 교육이 지향해야 할 방향임을 강조하며 이러한 학습은 논리성뿐만 아니라 직관(intuition)과 느낌(feelings)이 동원되어야 함을 지적하고 있다. 이는 곧 인간의 좌뇌와 함께 우뇌가 사용되어야 함을 말하며, 곧 전인적 학습(whole-person learning)이 이루어져야 함을 의미한다고 주장한다. 결국, 의미 있는 경험적 학습이란 논리와 직관, 지력과 감정, 개념과 경험, 아이디어와 의미가 동시에 통합적으로 작용하는 학습이라는 것이다.

요컨대, 학습이 효과적으로 이루어지기 위해서는 학습경험이 학습자에게 유의미하여야 하며, 학습경험이 학습자에게 유의미하기 위해서는 학습자의 지성과 감성이 모두 활발하게 작동하는 통합적 전인적 학습이 이루어져야 한다는 것으로, 이는 곧 학습 내용 구성이라는 교육의 내재적인 영역에서 학습자의 학습으로부터의 소외가 비롯될 수 있음을 시사하는 것이라고 할 수 있다.

라. 은행예금식 교육과 문제 제기 교육

Freire(1970)는 교육방식의 두 가지 대비되는 모형을 제시한 바 있다. 그는 지배계층(the oppressor)이 피지배계층(the oppressed)을 영속적으로 지배하기 위한 수단으로 교육을 이용하고 있다는 전제하에 이때 사용되는 교육의 모형을 은행예금식(banking concept of education 또는 banking education)이라고 부른다. 이는 학습자를 마치 비어 있는 그릇으로 간주하여 이를 교육자가 지닌 지식으로 채워

주고 학습자는 이를 잘 저장하면 되는 교육이다. 즉 교육자는 학생의 계좌에 지식을 입금(deposit)하며 학생은 이를 잘 받아들여 저장하면 된다는 것이다. 학습자는 기본적으로 수동적인, 비어 있는, 관리와 조작이 가능한 대상이 되며, 창의력과 탐구력, 비판적 사고와 문제의식은 요구되지 않는다. 그들에게 필요한 것은 오직 '수용하고, 암기하고, 반복하는' 것이다.

이와 같은 교육을 받는 학습자는 자기와 세상의 관계, 자기가 놓여 있는 객관적인 현실의 의미에 대한 비판적인 사고력을 갖지 못한다. 세상에 종속된 자신의 현실, 자신을 종속시키고 있는 불합리한 세상의 현실을 볼 수 있는 눈을 갖지 못하게 되므로 세상의 변화를 가져오는 일은 불가능하다. 이러한 교육은 곧 지배계층의 이익에 들어맞는 것이며, 이와 같은 교육을 받은 자들은 쉽게 지배될 수 있게 된다.

Freire는 인간의 삶은 소통을 통해서 비로소 의미를 지니며, 인간의 사고는 누가 대신해 줄 수 없고, 특히 현실에 대한 진정한 사고는 현실을 바탕으로 현실과 연계된 소통을 통해서만 가능하다고 본다. 그렇다면 은행예금식 교육과 같은 방식을 통해서는 인간의 사고, 의식은 제대로 형성될 수 없다는 것이다. 이와 같은 교육의 결과는 Fromm이 말하는 biophily가 아니라 necrophily를 생산하게 된다고 지적하고 있다. necrophily란 사물에 대한 기계적 관점, 즉 생명체를 무생물과 같은 사물의 관점에서 접근하는 한편, 자신과 사물의 관계를 존재(being) 자체가 아니라 소유(possessing)의 관점에서 바라보며 소유 관계가 끝나면 그 사물과의 관계도 끝나게 되는, 그리하여 결국 생명체의 삶을 빼앗게 되는 그러한 성향을 말한다(Freire, 1970: 58).

Freire는 은행예금식 교육 자체가 necrophilic 할 뿐만 아니라 이러한 교육을 받은 학습자도 같은 성향을 지니게 된다고 본다. 기계론적 세계관, 폐쇄적 질서, 통제적 성향 등이 곧 이들 학습자 자체로 하여금 지배자(oppressor)적 성격을 배태하도록 한다는 것이다. 결국, 억압(oppression)을 존속시키기 위한 은행예금식 교육을 통해 사람들의 억압자적 성격이 길러지는 것이며 이러한 사람들로 구성된 세상은 지배-피지배의 구도에서 벗어나기 어렵게 되고, Freire가 강조하는 해방(liberation), 즉 자유를 위한 의식의 해방은 불가능하게 된다는 것이다.

Freire는 은행예금식 교육을 극복하기 위한 대안으로서의 교육모형을 문제 제기 교육(problem-posing education)이라 부르는데, 이는 학습자가 자신과 세상과의 관계에 대하여 질문을 던지고 그 해답을 찾기 위하여 탐구적으로 학습을 수행하는 것을 의미한다. 방법적으로 대화(dialogue)를 중시하는데 이는 의도적으로 왜곡된 사실을 걷어 내고 객관적 현실을 인식하기 위한 탐구에 필수적인 것이다. 또한, 현실 세상을 정적(static)으로 보는 것이 아니라 지속해서 변화하는 동적인(dynamic) 관점에서 바라보며 인간에 대하여도 완성된 존재가 아니라 미완성의, 완성을 향해 나아가는 동적인 존재로 본다는 특징이 있다. 이와 같은 관점은 교육에 대하여도 완성을 향해가는 동적, 지속적인 활동으로 보게 되며, 그 속에서 종래 서로 대립한다고 인식되었던 요소 간에 대립보다는 양자 간의 상호작용이 더욱 중시되는 사고가 바탕이 되고 있다. 요컨대 문제 제기 교육의 방법상 키워드는 '대화'와 '역동성'이라고 할 수 있을 것이다. 이상과 같은 Freire의 서로 다른 두 교육모형을 살펴볼 때 어떤 모형이 교육소외와 어떤 관련성을 지닐 것이라는 것을 추론할 수 있을 것이다.

마. 배움으로부터 도주하는 아이들과 배움의 공동체 교육

사또 마나부(2003)는 저서 '배움으로부터 도주하는 아이들'에서 교과 지식 주입 및 성적 지상의 근시안적 교육이 배움의 진정한 모습을 실현하지 못하고 학생들을 소외시키고 학업으로부터 멀어지게 하는 주범이라고 보며, 학교 교육은 배움의 본질 그 자체로 돌아가야 한다고 주장한다. 그는 배움의 본질은 만남과 대화를 통해 관계 맺기라고 보며, 곧 자신, 다른 사람, 세상과 의미와 관계를 엮어나가는 과정이라는 것이다. 이는 활동적 학습(사물, 세상과 만남), 협동적 학습(타인과 만남), 반성적 학습(자신과 만남) 등을 포함한다.

학교로부터 학생이 소외되는 문제는 학교의 운영방식, 풍토, 문화 등에서 비롯되는 부분이 크다고 보이지만, 더 근본적인 문제는 교육의 관점과 방식 그 자체에서도 발생할 수 있다는 것이며, 그러한 교육 활동의 기준과 실천과정 속에서 수많은 학생이 자신들의 선택권 없이 일방적으로 강요된 교육방식으로 인해 소외를 겪고 학업으로부터 멀어질 개연성을 지니고 있다는 것이다(김인희, 2011 재인용).

이와 같은 문제의식에 기초하여 사또 마나부가 주창한 '배움의 공동체' 교육은 학생들이 능동적으로 참여하는 학습방법으로의 수업 개혁, 이를 위한 교사의 동료성을 기반으로 한 협력과 공동학습 시도, 예컨대, 수업공개와 토론 등을 특징으로 한다. 학생 4~5명으로 이루어진 모둠을 중심으로 협동적 학습을 시행하고, 교사 간에는 수업공개 및 교내연수를 통하여 자신의 수업을 동료 교사들에게 공개하고 수업에 관한 토론을 전개하는 등 자체 연수를 시행한다. 이러한 실천을 통해 학생 간, 교사 간, 학생-교사 간 협동과 배려의 공동체 문화가 형성되고, 다시 학생과 학교의 변화로 이어진다고 보고되고 있다. 학교폭력 등 부적응 현상이 많이 감소하는 것이 그 예이다(사또 마나부, 2012).

그 변화의 원인을 살펴본다면, 참여적 학습을 통해 수업시간에 잠을 자거나 고립된 학생이 사라지고 모두가 적극적으로 학습활동에 참여하게 되며, 교사 간 협력적 학습과 연수 활동을 통해 수업능력 향상뿐만 아니라 소통과 교류가 촉진되고 동료 간 친밀감이 상승하며, 학생과 교사 모두 소통과 참여, 협동과 배려의 분위기가 형성되면서 글자 그대로 배움의 공동체가 만들어지는 효과를 나타낸다고 볼 수 있다. 결국, 수업 개혁을 통해 학교가 개혁되는 성과를 가져온다고 볼 수 있을 것이다(김인희 외, 2013).

요컨대, 사또 마나부는 교육의 관점과 방식 그 자체가 학생을 소외시키는 요인이 될 수 있으며, 이에 대한 새로운 관점과 교육방식의 실천을 통해 문제를 극복할 수 있음을 실증적으로 보여주고 있다고 할 수 있다.

바. 수업에서의 소외와 실존

서근원(2009)은 우리 학교의 수업 문화 중 '보여주기 수업'의 문제점을 지적하면서 교사중심의 공학적, 도구적 수업관을 바탕으로 한 수업은 실제로는 학생의 수업으로부터의 소외를 필연적으로 초래하는 원인이 된다고 지적한다.[13] 교사가 사전에 체계적으로 수립한 수

___
13) 이는 김인희(2008)가 제시하는 교육 변화의 장애 요인으로서의 합리적-구조적 접근의 문제점과 궤를 같이한다. 즉, 합리적-구조적 접근이 지니는 인간에 대한 도구적 관점, 좋은 변화의 아이디어는 사람들에 의해 당연히 수용되리라는 지나치게 낙관적인 가정, 변화가 이루어지는 현장의 현실적, 구체적인 맥락에 대한 이해 부족 등이 곧 변화가 이루어지는 것을 가로막는 장애 요인으로 작용한다는 것이다.

업 활동계획 속에 학생 하나하나의 구체적 학습활동은 반영되기 어려우며 그 수업계획의 실행 과정에서 실제적인 개개인 학생의 학습은 효과적으로 다루어지지 못하기 때문에 결과적으로 학생은 학습 기회로부터 소외된다는 것이다.

서근원은 이를 교사의 개인적인 차원을 넘어선 구조적, 문화적인 현상으로 보고 있다. 결국, 이러한 문화적인 현상을 형성하고 있는 사고방식과 현실 맥락, 그 현상 속에 실존하는 주체들의 주관적 현실 인식 등의 의미를 심층적으로 이해하지 못하면 이러한 문제는 개선의 실마리를 찾기 어렵다는 견해를 취한다. 당연한 귀결로서 이 문제에 접근하는 서근원이 제시하는 방법은 수업 현상에 대한 교육인류학적 이해이며, 실존을 추구하는 수업이란 교사중심이 아닌 아이들의 관점에서 시작하는 수업을 의미한다.

사. 삶의 양식으로서의 교과와 자료로서의 교과, 수업의 예술성

허병기(2003)는 우리 학교 교육의 대표적인 문제로 수업의 낙후성을 지적하고 있다. 수업의 낙후성이란 수업이 단순하고, 피상적이고, 교과의 의미를 살려내지 못하는 방법과 과정을 통해 이루어지고 있으며, 이로 인해 학생의 실질적인 학습 기회는 축소됨을 말한다. 특히, 교과와 관련하여 '삶의 양식으로서의 교과'와 '자료로서의 교과'를 비교하면서, 바람직한 교과교육은 전자의 모습을 통해 살아 있고 의미 있는 경험을 통해 학습이 이루어져야 하나 현실의 교육은 최소한의 단서 자료에 불과한 후자의 습득에 갇혀버려 교육의 본질적 가치를 실현하는 데 실패하고 있다고 본다.

예컨대, '물리' 교육은 물리학적으로 살아가는 인간의 삶의 양식에 대한 학습이 이루어질 수 있도록, 즉 세상을 물리학적 사고 양식과 안목과 태도로써 생각하고, 이해하고, 다루는 능력과 성향을 삶의 요소로 내재시킬 수 있도록 학습경험이 구성되어야 하나, 현실적으로는 자료로서의 '물리 교과서'의 내용을 암기하고 문제를 풀이하는 수준에 그치고 있다는 것이다. 물리학적 삶의 양식이 '대자연'이라면 물리 교과서는 '지도'에 불과하며 실제 수업은 대자연의 오묘함, 경이로움, 광대함을 학습하는 것이 아니라 단순한 부호의 모임에 불과한, 지도 그 자체를 공부하는 데 그치고 있다는 것이다(허병기, 2003: 105).

또한, 허병기는 교육의 질서를 창조적 무질서로 설명하면서 교육의 행위는 외적으로는 무질서한 가운데 내적인 정연함을 추구하는 것이라고 보며, 이는 마치 과녁을 향해 직선으로 날아가는 총알의 질서보다는 꽃의 향기를 따라 이리저리 하늘거리며 날아가는 나비의 질서에 가깝다고 본다. 이는 곧 교사와 학생 간의 막힘없는 소통 속에 이루어지는 수많은 생각과 말과 행위들이 엉기고 교차하여 무질서해 보이더라도 그 내면에 학습자의 성장으로 일관되게 수렴되는 정연한 질서가 있다면, 그것은 곧 거기에 수준 높은 수업이 전개되고 있음을 말해주는 것이라 보고 있다(허병기, 2003: 106).

이러한 관점은 수업의 예술적 측면을 중시하는 이혁규(2013: 222~223)의 견해와 일맥상통하는 면이 있다. 이혁규는 수업이 예술성을 지닌다는 말의 논거를 다음에서 찾고 있다. 첫째, 수업의 발전은 전통과 관습을 벗어난 창의적 수업 실천을 통해 이루어지며 이는 예술가와 같은 열정과 교육적 상상력을 요구한다는 점이며, 둘째, 수업은 사전에 설정된 목표와 수단에 의해 지배되는 것이 아니라 교사와 학생의 만남을 통해 비로소 방향과 목표가 발현되며, 수업과정에서 학생들의 미세하고 풍부한 반응에 공명하는 것, 즉흥성과 우연성에 개방되는 것, 기다림과 여백에 익숙해지는 것, 이런 분위기 속에서 수업의 목표와 수단은 상호 혼용된다는 점이다. 셋째, 이러한 수업에서 교사는 자연스럽게 수업의 미세한 질적 특성에 주목한다는 점, 즉 학생과 상황에 대한 민감성, 즉각적이고 사려 깊은 행동 능력, 교육적 주의력과 배려와 같은, 수업에 대한 과학적, 목적-수단적 접근이 놓치기 쉽고 계량화가 불가능한 것들에 교사가 관심을 둔다는 점 등이다.

허병기와 이혁규의 이와 같은 교과와 수업에 대한 관점은 결국 의미 있는 학습이 이루어지기 위한 교육행위의 본질적 조건에 접근하고자 하는 사고라 할 수 있으며, 이와 같은 학습의 본질로부터 실제 교육행위가 괴리되는 만큼 학생들은 유의미한 학습 기회로부터 소외되는 것이라고 할 수 있을 것이다.

아. 전통적 주지주의와 진보주의 교육

미국에서 오랫동안 지속하여 온 교육이념 논쟁, 즉 전통적 주지주의와 진보주의 진영 간의 논쟁은 미국 학생들의 학력 저조의 책임이 누구에게 있으며 공교육 개혁의 방향은 어떠해야 하는가를 둘러싼 다툼이다. 마침 양측의 논리를 잘 설명하고 있는 비슷한 제목의 두 책이 90년대 비슷한 시기에 발간된 바 있다. 하나는 1996년에 발간된 E. D. Hirsch의 'The schools we need' 이고, 다른 하나는 1999년에 발간된 A. Kohn의 'The schools our children deserve' 이다. 전자는 전통적 주지주의 교육을 지지하면서 진보주의를 비판하고 있으며, 후자는 그 반대이다. 양측의 논지를 정리하여 제시하면 <표 2>와 같다.

<표 2> 전통적 주지주의와 진보주의의 논쟁[14]

전통적 주지주의 - Hirsch	진보주의 - Kohn
진보주의가 학력저하의 원인. 초기 학력 결손이 교육 불평등 심화. 진보주의는 체계가 없고, 주먹구구, 反지식, 통제되지 않은 초점 없는 교육. no drill and no hardworking.	전통주의가 미국 교육의 실패 주범. 아동의 삶과 괴리된 단편적 지식암기 교육. dead knowledge. 비교육적 경쟁, 학습의 편협화.
back to the basics. - mastery of basic knowledge and skills in early stage. knowledge first, thinking later. 3R's에 집중. diligent practice and drill. Repetition brings automatic thinking. Practice makes perfect. cultural literacy 중요. Learning is a construct, but meaning construction is impossible without prior knowledge. teacher-centered. academic subject의 성취도 중요. standardized test 필요성 인정. common-core subjects 강조.	학습은 협동적, 상호관계 속에서 더욱 효 과적으로 이루어짐. 학생이 의미를 부여 할 때 비로소 학습이 가능. 학습은 강요할 수 없고(not compelled) 단지 학습에 초대받고 도움을 받을 뿐(invited and helped) learning by doing Thinking takes place while students are learning. Thinking takes place when facing a challenging problem. Learning takes place with thinking. Stuffing is not learning. Repetition without thinking makes students "dumb". 암기로 얻어진 지식은 인지구조 속에서 동화되지 못함. 기억은 학생의 인지구조 속에서 연결고 리를 가질 때 잘 이루어짐.
전통적 항존주의, 본질주의 사조와 연결 됨. - Bagley, Bestor. Standard-based reform의 이론적 배경 제공. 예) No Child Left Behind 정책.	Freire의 problem-posing education. John Dewey의 철학적 배경에 근거. 열린 교육, 탐구식 학습, 프로젝트 학습 등의 이론적 근거. Sato Manabu.

---

14) 원전의 의미를 가급적 그대로 전달하기 위해 일부 문장이나 단어는 번역하지 않았다.

Hirsch(1996)는 미국의 초·중등교육은 학생들에게 지속적인 학업의 기초가 되는 기본적인 지식과 기술을 제대로 전수하지 못하고 있으며 이는 예측 불가능한 학생의 흥미와 관심에 기초하여 반지성적이고 비체계적이며 반복적 훈련을 경시하는 진보주의 교육에 그 원인이 있다고 주장한다. 반면에 Kohn(1999)은 미국의 대표적 교실의 모습은 전통주의 교육이며 진보주의 교육은 사실상 제대로 시행되어 본 적이 별로 없다고 주장한다. 또한, 아이들의 삶과 동떨어져 의미 부여가 되지 않는 지식의 습득은 효과적일 수 없으며 아이들이 스스로 생각을 하게 될 때 진정한 학습이 이루어질 수 있다고 주장한다.

양측은 논리적 주장과 함께 경험적 증거 자료를 제시하면서 상대방의 문제점을 지적하고 있는데 어느 한쪽의 절대적으로 옳고 그름을 판단하는 일은 쉽지 않다. 우리에게 중요한 것은 누가 옳고 그르냐가 아니라 이들이 다투고 있는 사항들이 주로 교육소외를 발생시킬 수 있는 교육철학과 교육방식 차원의 요소들에 관한 것이라는 점이다. 전통적 주지주의의 진보주의 비판은 주로 비체계성, 아이 흥미 중심의 즉흥성, 비과학성, 훈련과 연습의 결여, 전통적 기초 지식 습득의 부실 등에 집중되는 반면에 진보주의의 전통적 주지주의 비판은 아동의 삶과 괴리된 단편적 지식암기 교육, 무의미한 죽은 지식의 습득, 비교육적 경쟁, 학습의 편협화 등에 집중된다. 양측 주장의 진위를 떠나서 이 논쟁이 우리에게 던지는 질문은 우리 교육의 모습은 어떠하며 과연 여기서 제기되는 교육소외 발생 요소들이 우리 교육에는 어떤 양상으로 나타나고 작동하고 있는가이다.

자. 미국의 낙오자 방지법(No Child Left Behind)과 핀란드의 교육복지

미국의 낙오자 방지법(NCLB)과 핀란드의 종합학교 중심의 교육은 학교 교육에 있어서 소외되고 낙오되는 학생이 없도록 한다는 점에 공통점이 있다고 본다. 적어도 양 제도가 공식적으로 추구하는 바에서는 공통점이 있다고 할 수 있다. 그러나, 실제로 나타나는 현상을 볼 때 두 제도는 매우 대조적인 모습을 보인다고 생각된다. 미국 NCLB의 접근법은 소위 말하는 책무성(accountability) 중심 접근이다. 학교에 책무를 부과하고 이를 달성하지 못하면 제재를 가함으로써 학교가 보다 나은 성취를 위해 노력하도록 종용하는 것이다. 학교가 구체적으로 노력을 해야 하는 영역은 매년 학생들의 평균성적을 설정된 목표(Adequate Yearly Progress)만큼 끌어올리도록 하는 것이다. 이러한 노력의 결과로 소수집단(minority) 학생들과 백인 학생 집단 간의 점수 차가 줄어들었다는 정부의 보고가 있었으나, 한편으로는 학생들의 점수는 이 제도 도입 이전보다 향상되지 않았다는 지적(Ravitch, 2010)과 함께 오히려 학생들의 중도 탈락률이 높아지고 학업부진 학생들이 평가에서 제외되는 사례가 발생하고 있음이 지적되었다. 또한, 평가대상이 아닌 과목들은 학교에서 상대적으로 경시되고 수업의 방식도 시험준비 위주로 경도되는 현상들이 나타났다고 한다(Meier 외, 2004; 안병영·김인희, 2009). 성과가 좋지 않은 학교에 재학 중인 학생에게 다른 학교로 전학을 가거나 방과후 과외를 받을 수 있도록 한 제도도 별로 호응을 얻지 못하고 성적 향상 효과도 거두지 못하였음이 지적되고 있다(Ravitch, 2010).

한편, 핀란드의 가장 중요한 교육이념은 모든 국민에게 동등한 교육기회를 제공하고자 하는 형평성의 이념이다. 핀란드는 학생들의 높은 평균성적뿐만 아니라 학생 간 격차도 크지 않은 결과를 보이는데, 특히 하위권 학생들의 성적이 다른 나라 학생들보다 매우 높다. 이는 어린 시절부터 뒤떨어지는 학생들에 대하여 특별한 교육적 관심과 지원을 제공하여 소외되거나 낙오하는 학생을 예방하는 교육적 노력이 이루어짐으로써 가능한 것으로 판단된다. 교육과 학습에 대한 사회적 구성주의 관점에15) 의하여 학생 개개인의 주체적인 학습경험을 중시하고 진지하게 보살피며, 학습의 결손이 나타나지 않도록 중층적으로 지원하는 교육시스템이16) 결과적으로 모범적인 교

---

15) Seiji, F (2008). 핀란드 교육의 성공. 나성은·공영태 역. 서울: 북스힐

핀란드 교육의 기본 철학이 '사회적 구성주의'라는 사실은 학습에 대한 그들의 기본 관점에서 나타난다. 학습은 학생 개개인의 사회적 상호작용 속에서 이루어지는 주관적인 인지적 과정이다. 따라서 본질에서 학생들의 학습 모습은 동일할 수 없으며 학습자 개인의 특수한 조건과 맥락에서 이루어질 수밖에 없다. 따라서 모든 학생에게 동일한 내용과 방식을 적용하는 집단적인 학습은 수용되기 어렵다. 핀란드 학생들이 개별적인 학습계획을 수립하여 이행하는 것, 학교가 학생의 개별적인 요구와 수준에 맞는 학습 기회를 제공하고자 노력하는 것, 획일적인 시험으로 학생을 평가하여 비교하지 않는 것 등은 이러한 사회적 구성주의에 입각한 교육철학 때문일 것이다.

결국, 학습이란 학생 개개인에게 각각 유의미하여야 한다고 생각하며, 그 학습이란 사람들과 소통하고 상호작용하며 관계를 맺고 살아가는 삶의 과정에서 의미를 찾는 능동적 행위라고 보는 것이다. 핀란드 종합학교가 능력별 반편성을 하지 않고 다양한 학생이 어울려 협동적 학습을 진행하는 방식을 택하고 있는 것도 이러한 사회적 구성주의 철학이 바탕이 되는 것이다.

16) 안병영·김인희(2009)는 핀란드의 중층적인 학업 지원 시스템을 다음과 같이 소개하고 있다.

첫째, 교사의 활동이다. 교사는 학업에 뒤떨어지는 학생을 발견하고 도움을 주는 것을 기본적인 책임으로 인식하고 있으며 그러한 능력을 지니고 있다. 교사는 그러한 학생과 일대일로 또는 2~4명을 그룹 지어 학생들이 가지고 있는 특정한 문제를 해결하는 데 도움을 준다.

둘째, 보조교사(teacher's assistant)의 활동이다. 보조교사는 학교에 배치되어 보통 수명의 교사와 함께 일한다. 반드시 교사자격을 지니고 있지는 않으며 교사의 지도하에 보조적인 일을 수행한다.

셋째, special needs teacher의 활동이다. 이들은 정규교사자격을 지니고 있으며 학습장애와 특수교육에 대한 1년간의 특별훈련을 받은 사람들이다. 교사들과 협의를 통해 활동

육복지를 가능하게 하고 있다고 할 수 있다.

Elmore(2008)는 학교 교육에 대한 책무성 중심 접근의 문제점을 지적하고 있는데, 이는 교육의 향상을 위해서 구체적으로 요구되는 향상의 실천(practice of improvement)을 위한 대안을 제공하지 못한다는 것이다. 향상의 실천이 가능하려면 그 실천에 필요한 역량 개발을 위한 인적 투자가 이루어져야 하는바, 이러한 역량 개발을 위한 구체적인 노력 없이 성과 중심의 기관 책무성만 강조하는 것은 학교의 내재적 책무성보다는 외재적 책무성을 지나치게 강조하게 되어, 창조적인 노력은 없이 외부에 순응적이고 형식적인 변화 노력을 유도하여 진정한 향상을 가져오지 못한다는 것이다.

Elmore의 주장을 미국의 NCLB와 핀란드 교육에 적용해 본다면 NCLB는 책무성 접근의 맹점을 상당히 드러내고 있으며, 핀란드의 교육은 학생 하나하나의 역량 개발에 집중함으로써 실질적인 교육의 성과, 즉 수월성과 형평성을 모두 실현하는 사례라고 생각된다.[17] 그렇다면 결국 무엇이 교육소외를 야기하고 무엇이 교육소외를 극복하는 관점인지에 대하여 위와 같은 미국과 핀란드의 사례 비교는 중요한 시사점을 제공하고 있다고 볼 수 있다.

하며, 위의 2가지 단계에 의해 문제가 해결되지 않는 학업 부진 또는 장애를 지닌 학생들을 돕게 된다.

넷째, 다분야 팀(multi-disciplinary team)의 활동이다. 학업에 부진한 학생들의 문제는 가정이나 사회적 문제와 넓게 연관된 경우가 많다. 이 팀은 학교 교사, special needs teacher, 학교 카운슬러, 학교 외부인사 - 심리학자, 사회복지사, 보건 및 정신건강 부문 대표, 공공주거 담당자(필요한 경우) 등으로 구성된다. 이 팀은 광범위한 서비스의 도움과 연결될 수 있는 장점이 있으며, 학교만으로 해결되기 어려운 문제에 대하여 도움을 줄 수 있다.

17) 이러한 견해는 Sahlberg(2010)의 저서 *Finnish lessons*의 서문에서 Andy Hargreaves도 동일하게 피력하고 있다.

이상과 같이 교육을 둘러싼 사회적 환경과 교육 활동 및 학교운영 방식에 내재되어 작용하면서 교육소외를 가져올 수 있는 현상, 관점 및 행태 등에 대하여 살펴보았는바, 이를 종합적으로 다음과 같이 정리하고자 한다.

먼저 사회현상을 보면, 앞에 설명되었던 네 가지의 현상으로부터 비인간적 경쟁 풍토의 형성과 함께 집단적 능률이 중시되는 거대구조 속에서 인간성은 함몰되고 외재적인 힘과 기준에 속박되는 개인의 모습이 초래된다. 이와 같은 비인간적이고 획일적인 경쟁 구도 속에서 이에 효과적으로 부응하지 못하는 수많은 개인이 겪는 문제는 패배, 낙오, 좌절, 소외, 부적응 등이다.

이와 같은 사회현상은 교육의 모습에도 투영되고 영향을 미친다고 보아야 한다. 앞에서 제시한 교육의 대립하는 관점 중에서 소외를 생산하는 관점들, 즉 닫는 교육, 외재적 목표에 의존하는 교육, 은행예금식 교육, 무의미한 음절 학습, 자료 학습에 그치는 교과, 학습자가 소외되는 수업, 성적 지상의 주입식 교육, 외재적 책무성에 의한 교육 운영 등이 가져오는 문제들은 개인이 무시된 집단적 접근, 폐쇄적 틀에 맞추는 닫는 교육, 학습의 질적 과정 경시와 양적 접근, 외재적 목적과 동기에 의존, 평면적 · 기계적 · 수동적 학습 등이라고 할 수 있다. 이러한 교육이 이루어진다면 학생들은 개인의 특성과 여건이 충분히 배려되지 못하는 상황에서 끝없는 성취 경쟁에 놓이게 되며, 맹목적 단순 암기식 주입식 교육으로부터 배움의 진정한 의미를 인식하지 못한 상태에서 수업으로부터 소외되고 그 과정에서 자신을 둘러싸고 있는 환경과 평가에 의한 외재적 틀에 갇히고 그 이상 발전하기는 힘들어지게 된다. 이러한 상황에서 학생들은 객관적 또는 주관적으로 소외와 부적응을 겪게 된다.

이상과 같은 교육 자체의 내재적 속성과 긴밀하게 연관되면서 또 다른 차원에서 학교라는 기관 및 공간의 운영방식이 동시에 교육소 외에 영향을 미친다. 이는 주로 학교를 운영하는 사고방식, 학교를 지배하는 조직문화, 그로 인해 나타나는 조직구성원의 행태적 차원

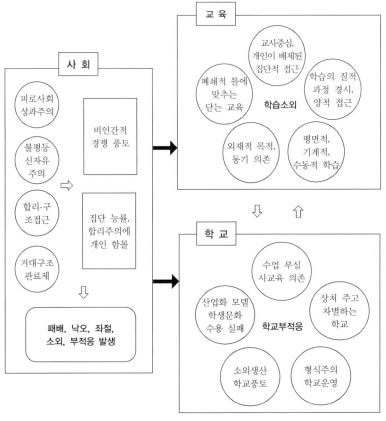

* 출처: 김인희 (2013)

[그림 2] 교육소외 원인의 구조

을 의미한다. 앞에서의 교육방식의 문제로 인해 학습자의 소외가 나타나며 이는 곧 수업의 부실을 의미한다. 학습자 개개인의 학습요구를 충족시켜주지 못하는 학교 수업과 성적 지상주의 교육풍토는 학생들을 사교육 시장으로 내몰게 되며 이는 학교의 교육력과 권위를 떨어뜨리고 교사의 소외를 가져올 뿐만 아니라 자기효능감을 저하시키는 원인이 된다.[18]

변화하는 학생문화를 따라가지 못하는 학교의 운영방식은 그들의 심리적 욕구를 충족시키지 못하고 오히려 반발과 저항감을 야기한다. 이러한 여건과 풍토 속에서 적응유연성이 낮은 학생들은 더 많은 스트레스와 상처를 받을 가능성이 있다. 더구나 학교 교육의 과정(process)에서 학생의 사회경제적 배경에 따른 차별이 작용하는 경우 그 문제는 더 심각해질 수 있다. 획일적이고 경직된, 그리하여 학생들로부터 유리되고 오히려 상처를 입히는 학교의 운영방식은 교육환경으로부터의 소외를 심화시킨다. 우리나라 학생들의 학교에 대한 소속감, 학교에서의 행복감이 매우 낮은 것은 이와 관련이 있다고 생각된다. 이를 치유하여야 하는 교사들 역시 소외되어 있는 학교 현실을 감안할 때 이 문제의 해결책을 찾는 것이 결코 쉬운 일이 아님을 알 수 있다.

이상과 같은 교육소외의 원인 구조 속에서 각 요인은 서로 복잡하게 얽혀있으며 상호의존하고 있다. 소외된 학생들은 잠시라도 쉬어가며 치유할 곳이 필요하나, 우리 학교는 그러한 여유나 공간을 제

---

18) OECD TALIS 보고서에 의하면 우리나라 교사의 자기효능감은 60여 개 비교국 중 최하위에 머무르고 있다(OECD, 2009).

공하지 못한다. 이는 마치 끝날 기약이 없는 전쟁 속에서 병사들은 계속 전선에 투입되고, 부상자는 속출하는데 이들을 치료할 의료시스템은 거의 작동하지 못하는 상황과 같다. 이러한 교육소외를 해소하는 일이 교육복지라고 한다면, 우리는 교육복지라는 새로운 관점에서 지금의 문제를 해결할 수 있는 돌파구와 실마리를 찾아야 할 것이다.

제4장 학교의 형식주의와 교사의 소외

1. 형식주의의 개념과 속성

나는 우리 학교의 가장 보편적이며 만성적인 문제가 소외와 형식주의라고 생각한다.[19] 학교가 형식주의에 놓여 있다는 것은 곧 학교 구성원들이 소외를 겪고 있음을 의미한다. 자신이 하는 일에 의미부여를 하지 못하는 소외상태에서 형식주의적 반응을 보일 수밖에 없는 사람들의 특징은 성취감과 자기효능감이 낮게 나타난다는 점이다. 이 장에서는 교사의 소외를 부르고 결국 학생의 교육소외로 이어지는 원인이 되는 학교의 형식주의에 대하여 살펴보고자 한다. 다음은 수년 전에 발표한 논문의 일부 내용이다.[20]

> 여러 연구는 우리 학교에 형식주의 문화 또는 형식주의적 행태가 나타나고 있음을 지적하고 있다. 양승실 외(2001)는 학교에서 이루어지는 활동 전반 - 수업, 학교규칙, 교육과정 운영, 학교 내 지원체제 - 에 형식주의가 작용하고 있음을 지적한다. 이혜영 외(2001)는 중등학교 교사문화의 특성으로 방어와 보수적 태도, '안전 제일주의'를 지적하고 있다. 김병찬(2003)은 중학교 교사들의 문화적 특징의 하나로 형식주의를 들고 있으며, 형식주의는 수업을 비롯하여 다양한 활동에서 나타난다고 지

---

19) 동시에 가장 연구가 미진한 부분도 소외와 형식주의라고 생각한다. 학교의 형식주의 문제를 깊이 있게 분석한 연구는 참으로 찾아보기 힘들다.

20) 김인희(2007). 학교의 형식주의와 학교혁신의 관계에 관한 연구. 교육행정학연구 25(3) 29-56

적한다. 허숙(2001)은 학교의 교육과정 운영계획 수립이 소수의 교사에 의해 이루어지고, 다수의 교사는 이를 형식적으로 받아들이게 되어 실제 수업 활동에 연계시키지 못함을 지적하고 있다. 임연기(2004)는 학교평가와 관련된 '대충 문화', '장식문화'를 지적하고 있다. 학교평가가 학교의 실제 교육 활동과 상관이 없이 이루어지고 별 도움을 주지 못하는 가운데 본질적 내용보다는 포장된 외양 중심 실적에 대한 피상적인 평가에 그치는 전형적인 형식주의 사례에 해당한다는 것이다.

인터넷 검색창에 '형식주의'를 입력하면 주로 철학, 문학, 예술에서의 형식주의가 나타난다. 여기서 말하는 형식주의는 그것과는 좀 다른 개념이다. 이는 주로 행정학, 조직사회학 등에서 관료제와 같은 사회체제의 병폐를 논할 때 사용하는 용어이다. 2007년에 학교조직의 형식주의에 대한 논문을 작성하기 위해 문헌을 뒤졌으나 위와 같이 우리 학교문화의 특징으로 형식주의를 지적한 연구는 몇 편 있었지만, 형식주의의 원인과 작용을 깊이 있게 분석한 연구는 찾지 못하였다. 당연히 형식주의의 정의도 명확하게 이루어진 바가 없었다. 몇몇 선행연구를 검토하여 당시 필자가 내린 형식주의의 정의는 "집단의 구성원이 공유하는 행동 양식으로서 사물의 **본성보다 외양, 목적보다 수단, 내용보다 형식**을 상대적으로 중시하는 문화적 행위"이다.

이 정의에 따르면, 형식주의는 개인적, 우발적인 행태가 아닌 집단구성원이 공유하는 예측 가능한 행동방식이다. 문화적 행위란 후천적으로 경험을 통해 학습된 것이며, 그 행위가 요구되는 상황 조건을 만나게 되면 일관되게 규칙적으로 나타나는 유형화된(patterned) 행동 반응이다. 왜냐하면, 그러한 반응이 그러한 특정 상황에서 부딪히는 문제를 해결해 주기 때문이다. 문화라는 것은 우리가 일상적 삶의 과정에서 만나는 크고 작은 문제들을 해결해 주는 해법(solution)들의 복합체라고 할 수 있다.

형식주의의 속성은 이와 같고 그 용어의 뜻은 '본성보다 외양, 목적보다 수단, 내용보다 형식을 중시'한다는 것이다. 이것이 왜 교육에서 문제가 되는가? 원래 외양은 본성을 내비치고, 수단이라는 것은 목적을 위해 선택되며, 형식도 내용을 위해 갖추어지는 것이 자연스러운 것이나, 형식주의는 이와 거꾸로 가는 것이다. 목적보다 수단이 중시되면 그 수단은 무엇 때문에 존재하는가라는 물음이 대두된다. 내용을 떠난 형식도 마찬가지이며, 본성을 가리는 외양도 마찬가지이다. 결국, 무엇이 교육에서 더 중요한 부분인가의 문제이다. 무엇이 교육의 본질을 실현하는 데 있어 우선되어야 하는가? 당연히 수단보다 목적이고, 형식보다 내용이며, 외양보다 본성이다. 교육의 목적을 위해 수단을 바꿀 수 있지만, 수단 때문에 목적을 바꾸는 것은 정상이 아니다. 교육내용에 형식을 맞추어야지, 형식에 맞추어 교육내용을 선택하는 것은 비정상이다.

2. 형식주의의 원인 및 작동구조

이러한 형식주의의 원인은 무엇인가? 어떤 상황에서 형식주의적인 행태가 요구되는가? 앞에서 언급했듯이 형식주의는 개인적인 차원의 문제가 아니다. 즉, 개인의 특성이나 독자적인 판단에 따라 선택되기보다는 집단이 공유하는 인식에 따라 자연스럽게 이루어지는 경우를 말한다. 따라서 사람 자체가 형식주의적이라든가 하는 설명은 맞지 않으며, 일정한 상황적 조건이 형성되면 규칙적으로 나타나는 집단적 반응이라고 할 수 있다. 결국, 형식주의의 원인은 이러한 반응을 야기하는 조건이 무엇인가에서 찾아야 한다.

학교조직의 차원에서 형식주의의 원인을 찾는다면 학교 외부적 요인과 내부적 요인으로 나누어 볼 수 있는데, 외부적 요인은 형식주의의 발생 조건을 제공하는 직접적 원인이 되며, 내부적 요인은 외부적 요인에 대한 학교의 반응 수위에 영향을 미치는 간접적 원인이라고 할 수 있다. [그림 3]은 형식주의가 작동하는 과정을 나타낸 것이다.

먼저 사람들이 왜 형식적으로 행동하게 되는가를 생각하면 우선, 주어진 과제가 마음에 들지 않음에도 불구하고 어쩔 수 없이 해야만 하는 경우를 생각할 수 있다. 하기 싫은 일을 해야 할 때는 누구든지 전심전력을 다 하지 않고 마지못해 형식적으로 임하게 될 것이다. 이는 필자도 예외가 아니다. 과제가 부정적으로 생각되는 이유는 여러 가지가 있을 수 있다. 그 과제를 수행할 수 있는 현실적 여건이 충분하지 못하거나, 자신의 철학이나 추구하는 방향과 맞지 않거나, 그 일을 수행하는 데 필요한 능력이 부족하다고 생각하거나, 그 과제를 수행했을 때 자신에게 돌아올 혜택이나 보상이 불확실한 경우 등 다양한 이유를 들 수 있을 것이다.

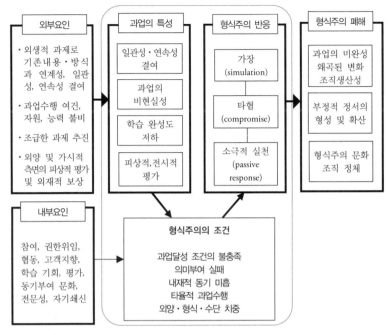

[그림 3] 형식주의의 작동구조

이와 같이 어떤 이유로든 과제 수행에 대해 부정적인 태도를 지니고 있으나 어쩔 수 없이 이를 수행하여야 하는 경우에는 과제에 대하여 긍정적인 의미부여를 할 수 없게 된다. 의미부여가 되지 않는다는 것은 내재적 동기가 미흡하며 자발적인 과업수행이 어렵다는 것을 말한다. 결국, 외부로부터의 압력에 의해 타율적인 과업수행이 이루어지게 된다. 또한, 외부의 요구가 과업의 본질적 가치보다도 외양과 형식에 치중하게 되는 경우 내재적 동기가 약한 상태에서 자율적, 주체적인 판단은 유보되고 과업수행은 외부의 주문을 따르는 데 집중하게 된다.21)

---

21) 철학자 존 듀이는 이러한 상황을 내재적 연속성(intrinsic continuity)이 결여된 상태라고 이미 100년 전에 지적한 바 있다. 이러한 상황에서는 인간의 지적 능력이 제대로 발휘

이러한 조건을 형성하도록 하는 과업의 일반적 특성을 보면, 조직이 하던 일과 관련하여 일관성과 연속성이 부족하고, 과업 자체가 현실성이 미흡하며, 과업수행을 위해 필요한 현장의 학습이 충분히 이루어지지 못하고, 과업수행에 대한 평가는 피상적, 전시적인 경우를 들 수 있다. 이러한 과업의 특성은 다시 외부적 요인으로서 과제 수행을 요구하는 다음과 같은 교육행정의 방식에서 비롯된다고 보아야 한다. 즉, ① 조직 자체의 내생적 과제가 아니라 밖에서 결정된 외생적 과제를 부과하여 조직에서 기존에 해오던 내용·방식과 연계성, 일관성, 연속성이 결여되고, ② 과업수행에 요구되는 여건, 자원, 능력이 충분히 갖추어지지 않았으며, ③ 조급한 과제 추진으로 현장의 실천자들이 충분히 학습할 시간을 확보하지 못하고, ④ 외양 및 가시적 측면의 피상적 평가 및 외재적 보상에 의존하는 경우 등이다.

이와 같이 외부적 요인으로서의 교육행정 방식은 학교에 부과되는 과업의 특성을 결정짓고 이 과업은 학교 내에 형식주의 반응이 나타날 수 있는 조건을 생성한다. 과업이 마음에 들지 않으면서도 수행해야 하는 상황에서 사람들이 보이는 형식주의적 반응에는 적어도 세 가지 유형이 있는데, 가장, 타협, 소극적 실천이 그것이다. 첫째, 가장(假裝, simulation)은 있는 그대로의 사실을 보여주지 않고 꾸미는 것이다. 실제보다 확대 또는 축소하거나, 있는 것을 숨기거나 없는 것을 있는 것같이 보이도록 하는 것이다. 쉽게 말하면 '~척 하는 것'이라고 할 수 있다. 운동경기에서 나오는 할리우드 액션 같은 것이 대표적 가장행위라고 할 수 있다. 이중장부를 만들어 진짜

될 수 없고 외부로부터 주어진 처방을 따르는 데 급급해진다고 한다.

는 숨겨놓고 외부에는 가짜 장부를 내놓는 행위도 이에 해당한다.

둘째, 타협(compromise)은 흔히 말하는 적당주의에 해당한다고 할 수 있다. 과업을 완전하게 수행하는 것이 현실적으로 어려운 경우에 택하는 반응이다. 이는 자원, 시간, 역량 등 과업수행 여건이 미흡하거나 서로 상충하는 힘이 작용할 때 주로 나타나게 된다. 예를 들면 전인교육과 입시 준비교육 간 방향의 충돌이 있을 때 어느 중간 지점에서 적당히 타협하는 것과 같다. 이 경우 투입되는 시간, 노력, 자원 등은 분산되고 어느 한쪽도 최선을 다한 과업수행은 이루어지지 못하게 된다.

셋째, 소극적 실천(passive response)은 자기에게 요구되는 과업의 최소한 수준으로 실천하는 것이다. 이는 과업수행을 하지 않음에서 오는 책임과 불이익을 피하고 체면을 차리는 데 필요한 최소한의 소극적 반응이라 할 수 있다. 즉, 자신의 안전을 지키기 위한 최소한의 방어적 과제 수행이라 할 수 있으며 Hargreaves(1994)가 말한 안전을 위한 가장(safe simulation)과도 유사하다.

이와 같은 형식주의 반응이 나타나는 과정에서 학교의 내부적 요인은 어떤 작용을 하는가? 조직이 나타내는 형식주의적 반응에 영향을 미치는 조직 내부요인은 참여, 권한위임, 협동, 고객지향, 학습 기회, 평가, 동기부여 문화, 전문성, 자기쇄신 노력 등이라고 할 수 있다. 이러한 요인들의 공통점은 무엇일까? 이들의 공통점은 조직구성원들이 자신이 수행하는 과업에 얼마나 의미를 부여할 수 있는가에 영향을 미치는 요인들이라는 점이다. 즉, 과업에 대한 의미부여에 영향을 미치는 요인들이다.

사람은 자신이 의사결정에 직접 참여한 사항에 대하여 책임감을 지니게 된다. 또한, 자기가 스스로 결정 권한을 가지는 사항에 대하여는 자기 일이라는 주인의식을 갖게 된다. 혼자 하는 일보다 동료와 같이 힘을 합쳐 수행하는 일은 더욱 소중하고 큰 의미를 지니게 된다. 일반적으로 교사는 학생을 위한 일에서 무엇보다도 큰 의미를 찾게 된다. 이는 곧 조직구성원의 고객 지향성을 의미하며, 고객 지향성이 높은 조직일수록 고객에 도움을 줄 수 있는 실질적인 가치를 추구하게 된다. 과제를 수행하기 위해서는 그에 부합되는 전문적 역량이 요구되며 역량을 갖추기 위해서는 현장 실천을 통한 충분한 학습 기회가 제공되어야 한다. 학습이 제대로 이루어지지 않은 상태, 즉 역량이 충분히 갖추어지지 않은 상태에서의 과업수행은 왜곡된 또는 미완성의 결과를 남기게 된다. 당연히 외부 압력에도 취약하다. 또한, 조직의 문화가 새로운 과업수행에 의미를 부여하고 적극적으로 참여할 수 있도록 장려하고 인정하는 동기부여, 혁신 지향 문화인가 아니면 그 반대인가에 따라 조직의 과제 수행 수준은 달라질 것이다.

결국, 이와 같은 학교조직의 내부요인(혹은 내적 역량)은 외부적 요인에 의해 형식주의가 유발되는 상황에서 학교가 실제로 내보이는 반응의 내용과 수준에 영향을 미치게 된다. 위와 같은 내부요인의 수준이 높은 학교에서는 형식주의를 부르는 과업의 객관적 특성에도 불구하고 그 자체의 의미부여 강화 작용이 작동하여 형식주의 반응의 수준을 완화하게 될 것이며, 그 반대로 내부요인의 수준이 낮은 학교에서는 이러한 의미부여 기능이 미흡하거나 오히려 의미부여를 방해함으로써 형식주의 반응이 심하게 나타날 수 있다.

3. 형식주의의 기능 및 병폐[22]

가. 의미의 상실에 따른 조직의 '심리적 온도' 저하

형식적으로 과업이 수행되는 경우에는 본질적 가치와의 괴리로 인해 의미를 부여하기가 어려워지므로 일을 하면서도 진정한 보람을 느낄 수 없다. 내재적인 욕구를 충족할 수 없기에 일을 열심히 하여도 진정한 성취감을 맛보기가 어려우며 반대로 회의를 느끼기 쉽다. 진정으로 자기가 원하여 선택한 일을 하는 것이 아니므로 열정이 생기지 않으며, 자신이 가진 잠재능력이 제대로 발휘되지 못하고, 과업에 대하여 부정적, 소극적인 태도를 보이게 된다.

구성원의 일에 대한 열정, 헌신, 집중, 조직의 동기부여 문화와 응집력, 소속감, 과업으로부터의 보람, 긍지, 성취감 등은 조직의 생산적 에너지를 생성·유지하는 요소들로서 조직의 '심리적 온도'를 높이고 유지하는 데 기여한다. '심리적 온도'는 조직의 본질적 과업수행에 있어서 질적 변화를 가져오는 데 필수조건이다. 질적 변화는 구성원의 사고, 태도, 행동, 신념의 변화를 토대로 한 실천 변화를 의미한다. 학교에서의 주된 교육적 변화가 대부분 질적 변화의 성격을 지닌다고 볼 때, 학교야말로 조직의 심리적 온도가 필수적으로 요구되는 곳이라고 할 수 있다.

형식주의적 상황에서 교사들은 일에 대한 열정을 갖기 어려우며 헌신은 거의 불가능하다. 그로부터 성취감과 자기효능감을 느끼기도 어렵다. 형식주의가 일상화되어 있는 학교에 대하여 높은 소속감을

---

22) 이 부분은 김인희(2007) 논문에서 일부를 발췌하여 보완한 것임.

느끼기 어려우며, 그러한 조직에서는 서로를 동기부여 하는 응집력 있는 문화를 기대하기도 어렵게 된다. 결국, 형식주의는 조직의 '심리적 온도'를 떨어뜨리는 주된 요인이며, 그러한 상황에서 교육의 질적 발전을 바라는 것은 요원하다. 오히려, 심리적 온도가 낮아지면서 부정적인 에너지가 생성되고 확산하며, 이 부정적인 에너지가 조직 운영 전반에 스며들어 조직의 기능을 저하하게 된다.

나. 역량 분산으로 인한 조직 생산성 저하

본질적 가치와 형식적 과업 사이에서 갈등과 혼란을 겪는 가운데 구성원들은 자신의 생존을 위하여 현실적 요구에 대응하는 과정에서 관심, 노력, 시간, 에너지, 자원 등을 적당히 분배하게 되며, 그로 인해 역량을 어느 한 곳에 집중하는 것이 어려워진다. 조직 차원에서 볼 때, 이러한 구성원들의 반응은 전체의 역량을 조직의 중요한 과제에 결집하기 어렵게 만든다. 결국, 형식주의가 심화할수록 조직의 성과와 생산성은 저하된다.

다. 왜곡된 변화

하고 싶지 않은 일을 상황적 압력 때문에 어쩔 수 없이 하고, 진정한 성취동기 없이 수동적으로 일을 수행하면 형식화될 수밖에 없다. 조직의 혁신 노력이 본래 의도와 다르게 변화 과정에서 형식화된다면 그곳에서 가시적으로 나타나는 변화는 진정한 변화가 아니라 왜곡된 변화, 즉 피상적인 수준에서 일시적으로 이루어지고 상황적 압력이 사라지면 곧 사라지게 되는 껍데기만의 변화일 가능성이 크다.

라. 가치체계의 왜곡으로 인한 조직의 정체(停滯)

Hargreaves(1994)는 조직에서의 자연스럽고 자발적이며 열망이 실려 있는 행위와 상반되는, 억지로 고안되고(contrived) 조작적이며, 통제된 행위로서 '안전을 위한 가장(safe simulation)'이라는 용어를 사용하는데, 이는 현실을 가장하고 이미지를 중시하며 본질적 실체와 상관없이 상징적이고 피상적으로 이루어지는 속성을 지닌다. 무엇보다도 중요한 것은 이러한 '안전을 위한 가장'이 현실을 감추면서 그 자체로 하나의 독립적인(self-contained) 존재로서 스스로를 강화해 나가는(self-confirming) 특성을 보이게 된다는 것이다. 이는 자신의 논리와 언어를 바탕으로 나름의 구조와 실천, 행위들로 이루어지는데, 문제는 이러한 행위의 결과가 기본적으로 피상적이며 결과적으로 많은 에너지의 낭비를 가져온다는 것이다.

형식주의는 행위 및 행동방식에 붙여지는 이름이지만 그러한 행위가 유발되는 전체적인 업무환경에도 붙여질 수 있다. 형식주의적인 가장(simulation)을 유도하는 형식주의적 업무환경이 그 자체로 하나의 독립된 체제를 이루어 가동되게 되면 실제의 업무 현실과 상관이 없는 허상의 체제가 별도로 존재하게 되는 것이며, 조직의 업무체제는 이원화된다. 이러한 허상의 체제가 외부로부터의 압력과 내부로부터의 동조에 의해 강화되면서 이는 실제로 강력한 조직의 운영원리가 되어 가고 구성원은 점점 이를 무시할 수 없게 된다. 구성원은 생존을 위해, 또는 새롭게 형성된 가치체계 속에서 얻을 수 있는 이익을 취하기 위해 이에 가담하고 동조하게 되며, 본래의 운영원리는 힘을 잃고 자리를 내어주게 된다.

이와 같은 상황은 조직 내 본래의 가치체계를 심각하게 왜곡시킬 수 있다. 본래의 가치를 추구하는 구성원은 심각한 모순, 갈등, 딜레마 상황을 겪을 수밖에 없다. 이러한 상황이 지속하면서 서서히 사람들은 무감각해지며 허상의 체계에 익숙해지고 본래의 모습을 잃어가게 된다. 오히려, 가장된(simulated) 체제 속에서 그 가치 기준과 원리에 따라 경쟁을 벌이고 자신의 삶을 맞추어 나가는 경우가 나타나게 된다.

이와 같은 현상의 귀결은 Hargreaves의 지적대로 피상적인 변화와 노력의 낭비이다. 가장된 체제 속에서도 나름의 성공과 실패는 있을 수 있으나, 그것은 교육의 본래 가치를 실현하는 일과 무관하다. 그것은 여러 집단이 동조하여 만들어낸 가상현실 속의 게임에 빠진 것과 흡사하다. 그 속에 빠져 에너지를 소비하는 만큼 본래의 교육에는 마이너스가 된다. 교사들은 그 게임에 참여하면서도 즐거운 마음을 갖지 못한다. 본래의 사명을 소홀히 하여 자신의 진정한 성취가 부실해진 만큼 죄책감(sense of guilt)을 느낄 수 있다. 이와 같은 상황에서 학교의 질적 변화와 발전이 이루어지기는 매우 어렵다. 사람들은 자기를 합리화하고 책임을 쉽게 전가하겠지만 그것으로 모든 일이 양해될 수는 없으며, 정체되어 가는 조직에 대한 건설적이고 지혜로운 답변이 되지 못한다.

마. 교사의 자기효능감 저하

형식주의적 상황 속에 놓인 소외된 교사는 자신이 추구하는 본래의 과업에 집중할 수 없으므로 내재적 만족을 얻지 못하며 자신이

들인 노력에 비하여 성취감은 높지 못하다. 자기효능감이란 자신의 능력을 가치 있는 일을 위해 사용함으로써 얻는 성취감을 의미한다고 볼 때, 형식주의적 상황에서는 높은 자기효능감을 기대하기 어렵게 된다.

교사의 낮은 효능감은 교사 자신의 소외에 그치지 않고 학생의 소외로 이어질 가능성이 크다. 교사의 효능감은 학생의 교육 부적응을 시사하는 간접적인 지표라고 볼 수 있는데, 그 이유는 첫째, 자신이 지도하는 학생의 부적응은 교사의 효능감에 미치는 영향이 클 것이라는 점이며, 둘째, 효능감이 낮은 교사가 효과적으로 학생을 지도하기는 어려울 것이라는 점이다. Lortie(1975)는 교직의 특성에 대하여, 가장 중요한 보상은 심리적 보상이며, 만족감의 주된 원천은 집단적인 성공의 경우보다 예외적인 한 학생의 성공과 관련된다고 하였으며, Darling-Hammond(1997)는 교사의 효능감은 학생과의 관계 설정에서 비롯되며, 학생들의 상태는 교사의 일에 영향을 미치는 가장 중요한 조건이라고 하였고, Hargreaves(1994)는 교사들은 자기 일을 완수하지 못한 데서 오는 죄책감(depressive guilt)을 느끼는 경향이 있다고 설명하고 있다. 이러한 교직의 특성을 감안할 때 학생의 부적응은 교사의 무력감을 가져오고 결국 효능감을 저하시키는 주요 원인이 된다고 볼 수 있다(김인희, 2016a 재인용).

우리나라 교사들의 자기효능감은 OECD 국가와의 비교에서 최하위로 나타나는데, [그림 4]를 보면 비교 국가 중 한국 교사의 직무만족은 중하위권이고 효능감은 최저 수준을 보인다.

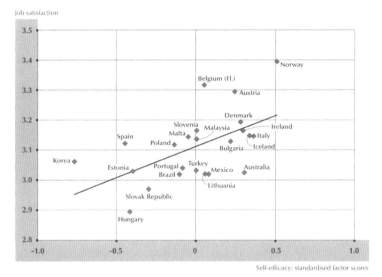

Country means of teacher self-efficacy and job satisfaction (2007-08)

* 출처: OECD(2009)

[그림 4] 교사의 효능감과 직무만족도

또 다른 국제 비교인 [그림 5]에서 볼 때 우리 교사들의 업무 관련 효능감 수준은 일본을 제외한 다른 아시아 국가들보다 전 영역에 걸쳐 전반적으로 낮게 나타난다. 한국의 교사들이 세계적으로 우수한 집단임은 널리 알려져 있다. 수년 전 홍콩의 유명일간지 기사에 홍콩 교사들이 상위 10% 우수학력 집단 출신으로 OECD 국가와 비교할 때도 최상위 수준임을 자랑하면서 단 한 나라 한국을 예외로 지적하였는데 한국은 상위 5% 우수 집단이 교직으로 진출한다는 내용이었다. 이 기사를 읽으면서 한편으로 뿌듯하면서도 다른 한편으로 안타까움을 금할 수 없었다. 왜 우리는 이렇게 우수한 인재들을 교직으로 이끌면서도 몇 년 뒤 그들의 자기효능감이 최하위권을 맴

돌게 되는 역설적이고 모순된 구조를 지니게 된 것일까.

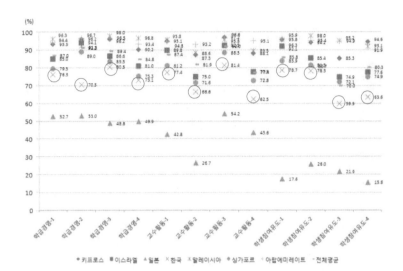

* 키프로스 ■ 이스라엘 ▲ 일본 ✕ 한국 ✕ 말레이시아 ◆ 싱가포르 ◆ 아랍에미레이트 ＋ 전체평균

영역	순번	세부 질문 내용
학급경영	1	교실에서 무질서한 행동 통제
	2	교사가 기대하는 학생의 행동양식을 분명히 하기
	3	학생들이 학급의 규칙을 따르도록 하기
	4	학습분위기를 어지럽히거나 시끄러운 학생을 진정시키기
교수활동	1	좋은 발문하기
	2	다양한 평가방법 활용
	3	학생들이 혼란스러워 할 때, 대안적인 설명제공
	4	대안적인(다양한) 교수전략 활용
학생참여유도	1	학습활동에서 학생들이 할 수 있다는 믿음 갖게 하기
	2	학생들이 배움을 중요하게 여기도록 돕기
	3	학습활동에서 느린 학생들에게 동기를 불러일으키기
	4	학생들이 비판적 사고를 할 수 있도록 돕기

* 출처: 임후남 외(2015)

[그림 5] 교사들이 영역별로 효능감을 느끼는 비율(2013, 아시아)

지금까지 학교에 형식주의가 지속되는 원인과 그 영향에 대하여 살펴보았으며 그와 관련된 현상으로 교사의 효능감 저하를 논의하였다. 형식주의적 학교 속의 교사는 업무로부터 의미를 찾기 어려워지고 결국 소외상태에 놓이게 된다. 의미의 상실은 곧 자기효능감 저하로 귀결된다. 소외상태의 교사가 학생의 교육소외 치유를 위해 역량을 제대로 발휘하기를 기대하기는 어렵다. 현실과의 타협, 역량 발휘의 분산, 무의미한 작업으로 인한 시간과 에너지 소모 등으로 교과운영과 학생지도에 최선을 다하기 어렵다. 교육소외를 극복하기 위한 학교의 조건은 먼저 학교운영의 형식주의와 교사의 소외를 극복하는 것이다.

더구나 형식주의라는 문화적 행태는 교사뿐만 아니라 학생들에게도 잠재적 교육과정으로 영향을 미친다. 학생들은 세상이 돌아가는 이치로서의 형식주의를 암묵적으로 학습하게 된다. 이는 결국 학교와 교사에 대한 불신으로 이어지고 학교의 실질적 교육력은 감퇴할 수밖에 없다. 이는 곧 학교의 교육복지 실천 역량의 저하로 이어진다.

제 2 부

교육소외 극복을 위한
학교변화

지금까지 제1부에서 교육소외를 중심으로 하는 우리 학교 교육의 문제와 원인에 대하여 살펴보았다. 이와 아울러 교육소외를 극복하려는 노력으로서의 교육복지의 개념과 의의, 학교의 소외현상과 직결되는 형식주의의 문제도 고찰하였다. 제2부에서는 이와 같은 학교 교육의 문제를 극복하기 위한 노력으로서 학교혁신에 관한 논의를 하고자 한다. 제5장에서는 먼저 교육소외를 극복하기 위한 학교 교육의 조건을 고찰하고, 제6장에서는 학교 변화의 일반적인 조건을 변화이론에 따라서 살펴보며, 제7장에서는 변화를 지향하는 학교문화의 형성을, 제8장에서는 앞의 내용을 통합적으로 실현하기 위한 학교의 교육복지역량 제고 방안에 대하여 논하고자 한다.

제5장 교육복지적 교육의 조건

　이 장에서는 교육소외를 극복하기 위한 교육, 즉 '교육복지적 교육'의 조건을 교육방법의 차원에서 1) 여는 교육, 2) 민주주의적 교육, 3) 교육의 보편적 수월성이라는 세 가지 관점에서 살펴보고자 한다. 이러한 교육의 관점에 대한 고찰은 그 자체로 교육방식의 변화 과제를 제시하는 동시에 이후 논의하게 될 학교혁신 방안 모색의 중요한 인식적, 실천적 토대 형성에 기여하는 것이다.

1. 여는 교육23)

　제3장에서 교육소외를 가져오는 교육방식들이 드러내는 특성을 개인이 무시된 집단적 접근, 폐쇄적 틀에 맞추는 닫는 교육, 학습의 질적 과정 경시와 양적 접근, 외재적 목적과 동기에 의존, 평면적·기계적·수동적 학습 등이라고 정리하였다. 반대로 교육소외를 피하고 극복할 수 있는 교육방식은 이와 상반되는 성격을 지닐 것을 상정할 수 있다.

　이를 위해 제3장에서 제시된 교육의 긍정적 관점들, 즉 '여는 교육', '내재적 목표를 따르는 교육', '문제 제기 교육', '경험 학습', '생

---

23) 이 부분에 대한 상세한 내용은 제3장 제3절에서 소개되었음을 참고하시기 바란다.

활양식으로서의 교과', '실존을 추구하는 수업', '만남과 대화를 통한 관계 맺기 교육', '역량 개발 중심 교육 운영' 등의 내부에 존재하는 일관되고 공통적인 요소를 추출해보면 다음과 같다. 즉, 학생 개인의 권리와 특성 존중 및 배려, 지속적인 성장의 가능성과 기회를 여는 교육, 자기 현실 인식을 바탕으로 비판적 문제 제기를 가능케 하는 교육, 자신에게 의미 있는 문제를 해결하기 위한 학습경험이 주축이 되는, 즉 내재적 목표에 바탕을 둔 학습, 자신 및 세상과의 만남과 대화를 통한 관계 맺기를 중시하는 교육, 학습자가 스스로 체험하는 학습의 질적 과정을 중시하는 수업 등으로 정리할 수 있다. 이들은 곧 한 개인을 종속과 소외에서 벗어나 자유롭고 능동적이며 자기 주도적인 학습자, 자기 인식을 바탕으로 학습에 의미를 부여하고 자기 학습의 진정한 주인이 되는 학습자가 될 수 있도록 도와주는 교육방식이라 할 수 있을 것이다.

<표 3>은 교육소외를 가져오는 비교육복지적인 교육방식과 교육소외를 극복하는 데 도움을 주는 교육복지적인 교육방식을 비교하여 제시한 것이며, 교육복지적인 교육의 특성이 곧 교육소외를 극복할 수 있는 교육의 핵심 조건이라 할 수 있을 것이다.

<表 3> 교육복지적 교육방식과 비교육복지적 교육방식

교육방식	교육복지적 교육	비교육복지적 교육
교육유형	(지속적 성장의 가능성을) 여는 교육	닫는 교육
	내재적 목표를 바탕으로 하는 교육	외재적 목표에 의존하는 교육
	문제 제기 교육	은행예금식 교육
	경험적 학습	무의미한 음절 학습
	생활양식으로서의 교과	자료로서의 교과
	만남과 대화를 통한 관계 맺기 교육	성적 지상의 주입식 교육
	실존을 추구하는 수업	소외를 부르는 수업
	역량 개발을 중심으로 하는 교육 운영	외재적 책무성에 좌우되는 교육 운영
	⇩	⇩
교육적특성	- 학생 관점, 개인의 특성 존중 및 배려 - 지속적 성장의 가능성과 기회 제공 - 자기 현실 인식을 바탕으로 비판적 사고력과 문제의식 형성 - 자신에게 의미 있는 문제를 해결하기 위한 학습경험, 즉 내재적 목표 바탕 - 자신 및 세상과의 만남과 대화를 통한 관계 맺기 - 학습자가 체험하는 학습의 질적 과정을 중시	- 교사중심 수업 운영 및 학생 개인이 무시된 집단적 접근 - 폐쇄적 틀에 맞추는 닫는 교육 - 맹목적, 무비판적 주입식, 암기 학습 - 자료에 갇힌 평면적·기계적 학습 - 학습의 의미를 학습자 스스로 깨닫지 못하는 무의미한 수동적 학습 - 외재적 목표와 동기에 의한 통제, 관리 - 학습에 대한 양적 접근, 과학성, 능률성 중시, 질적 과정과 예술성 경시

* 출처: 김인희(2013)

2. 민주주의를 위한 교육

위에 제시된 교육복지적 교육의 특징, 즉 "한 개인을 종속과 소외에서 벗어나 자유롭고 능동적이며 자기 주도적인 학습자, 자신과 세상에 대한 바른 인식을 바탕으로 학습에 의미를 부여하고 자기 학습의 진정한 주인이 되는 학습자가 될 수 있도록 도와주는 교육방식"은 민주주의 사회가 요구하는 교육과 본질에서 맥을 같이 한다. 여기서는 민주주의가 요구하는 교육의 조건에 대하여 살펴보고자 한다.

가. 민주주의와 교육

민주주의는 정치적 권위가 시민에게서 나오며 모든 사람이 동등한 정치적 권리를 지니면서 정치적 참여가 자유로운 정치체제이다. 이 아이디어는 인간의 존엄성에 대한 존중과 아울러 어느 누구도 인간으로서의 가치에 있어서 누구의 위 또는 아래에 있지 않다는 신념에 기초한다. Dewey(1916)는 민주주의는 정부의 한 형태 그 이상의 것이라고 말한다. 그것은 기본적으로 연합된 삶의 양식이자 상호결합된 경험 교환이 이루어지는 방식이라고 본다. 그는 또한 관심의 공유 영역의 확대와 개인 능력의 다양성 해방이 민주주의의 특성이라고 지적한다. Tocqueville(1956)은 미국 민주주의의 탁월한 특징이 국민이 전제적 권력에 의해 억압받지 않으며 타고난 본성에 의해 차별받지 않고 자기가 원하는 것을 추구할 평등한 기회를 지니는 것이라고 하였다. 결국, 민주주의의 본질은 사람들이 타고난 출신과 본성에 상관없이 동등한 기회를 지니고 어떤 억압으로부터도 자유롭다는 것이다.

민주주의 사회의 교육은 목표, 실천 및 결과에 이와 같은 이상을 반영하며 궁극적으로 개인과 사회 차원에서 모두 그러한 이상이 실현되도록 하는 교육이다. 민주적 정치와 사회생활의 민주주의적 방식의 확립과 유지에 기여하는 사람들의 사고와 태도를 기르고 자신의 잠재 역량에 따라 개인의 목적을 실현할 수 있는 사람을 키우는 것이 목표이다. 이 교육은 특히 지식, 사고, 태도 및 의지와 같은 정신적 측면과 관련된다.

민주주의적 가치는 교육의 모든 측면, 즉 목표, 실천 및 결과에서 실현되어야 한다. 목표가 민주주의적인 사고와 태도를 키우는 것이라 하더라도, 그 실천 행위가 억압적이거나 사람들이 그 과정에서 불평등한 대우를 받으면 이를 민주주의적이라고 할 수 없다. 여기서 실천은 교실 활동뿐만 아니라 교육이 이루어지는 구조 및 절차 시스템을 포함한다. 또한, 이 두 가지 조건이 충족될지라도 결과가 동등하지 않으면 교육은 그 사회에서 정당성의 손상을 입을 수 있다. 불평등한 결과가 특정계층이나 집단에 집중된다면 더욱 그러하다.

그러나 결과의 평등 조건은 논쟁의 여지가 있다. 교육적 결과는 다른 외부요인보다도 학생이 지닌 내적 능력에 기인하는 부분이 크다고 할 수 있다. 그러나 이러한 교육결과의 차이를 합리화하는 것은 간단하지 않다. 교육을 둘러싼 더 큰 사회적 시스템이 작동하며 교육체제는 특정한 사회적 역할을 수행하기 때문에 교육결과 자체는 사회적 가치를 지니고 있으며 결과에 대한 평가도 사회적으로 수행된다. 만일 사회제도가 완전히 민주주의적이지 않고 어느 정도의 불평등과 차별이 존재할 때, 그것은 교육의 결과에 영향을 줄 수 있으며 이때의 교육결과의 차이를 학생의 책임으로만 돌리는 것은 합당하지 않다.

나. 민주주의적 교육의 조건

1) 교육 목표

앞서 논의한 바와 같이, 민주주의는 사람들이 사회생활의 모든 단계에서 자유롭고 동등할 때 번영한다. 그것은 사람들이 어떤 강력한 힘에 의한 억압으로부터 자유로우며 그들의 타고난 본성과 관계없이 동등하게 대우받는다는 것을 의미한다. 이런 시스템에서 가장 중요한 요소는 자신의 권리를 지키고 사회에 대한 의무를 져야 할 사람들이다. 사람들은 정당한 것을 판단하고 자신을 보호해야 할 어떤 종류의 부당한 억압이 존재하는지 인식할 수 있어야 한다. 이를 위해서는 현실을 파악하고 그 의미를 해석하며 현실에 대응하여 자신의 행동 방향을 결정할 수 있는 수준의 지적 능력이 필요하다.

민주주의의 또 다른 중요한 조건은 개방적인 사고를 지니며 편견과 도그마로부터 자유로운 사람들이다. 본질적으로 민주주의는 의견과 입장의 다양성을 받아들이고 존중하기 때문에 차이에 대한 이해와 관용은 시스템 자체의 유지 발전을 위한 가장 근본적인 조건이 된다. 편견과 도그마는 권력을 가진 사람들이 힘없는 사람들을 차별하고 억압하는 토대가 될 수 있다. 민주주의의 가장 큰 위협은 '도그마에 빠진 권력'이라고 할 수 있다.

이와 관련하여 민주주의 교육의 목표는 도그마로부터 자신의 사고를 자유롭게 하고 현실을 정확하게 이해함으로써 자신의 행동을 스스로 판단하여 결정할 수 있는 지적 능력을 키우는 것이다. 이 지적 능력은 정의와 불의를 구별할 힘을 부여한다. 그러므로 그들의 행동은 지적이어야 할 뿐만 아니라 도덕적이고 윤리적이어야 한다.

현실에 대한 이해는 더 큰 사회 및 다른 사람들과의 관계에 대한 이해를 포함한다.

2) 교육실천

민주주의에서 학교 교육의 내용과 방법은 이러한 목표를 실현할 수 있어야 한다. 전통적인 교육은 그것이 추구하는 목표의 내용과는 상관없이 실천에 있어서 '생각의 해방'과는 거리가 멀었다. 그것은 사람들의 마음을 표준화하고 권력과 헤게모니를 가진 사람들이 강요하는 획일적인 틀에 순응하는 인간상을 만드는 데 기여했다. 교육은 기존 사회 질서를 유지하기 위해 문화적 지식을 젊은 세대에게 전수하는 일로 인식되었다.

이런 전통적 교육의 뿌리 깊은 습관은 교실에 강하게 남아 있는 것처럼 보이는데 이 교육은 다음과 같은 가정에 기초한 것으로 생각된다. 즉, "학생들은 교사가 제공하는 것을 받아들여야 한다. 사고는 기본적인 지식과 기술에 숙달한 후에 온다. 기본적인 기술은 같은 것을 반복적으로 연습함으로써 가장 잘 배울 수 있다. 문제에 대한 명확한 정답이 항상 있다. 외부적 보상 및 제재를 통해 학습을 촉진할 수 있다." 이러한 가정과 실천적 관행이 서로 잘 일치하였으므로 이러한 전통 교육은 잘 정립된 하나의 교육시스템으로 작동해왔다. 문제는 이 시스템이 민주주의가 요구하는 교육의 조건을 제대로 충족시키지 못한다는 것이다. 오히려 권위주의 사회에서 요구되는 교육, 사람들이 불평등하고 자유롭지 못하며 사회적 질서가 변화와 진전 없이 영속되는 억압적인 사회제도를 만족시킨다.

Dewey가 말했듯이 민주주의 교육에서 학생들은 자신의 관심과 타고난 학습능력을 갖춘 독립적인 학습자로 인식되어야 한다. 학생들은 자신의 관심과 비판적 사고를 자극하는 도전적인 학습경험을 가져야 한다. 학생들은 교사들로부터 어떤 도움이 필요할 수 있지만, 무조건적 수용이 아니라 해결책에 대한 자신의 길을 찾는 데 도움이 되어야 한다. 교수법은 다른 견해와 접근법에 개방적이어야 한다. 절대적 자격을 갖춘 표준화된 최상의 교육방법은 없다. 수업을 통해 학생들은 사회 현실의 다양성을 이해할 수 있어야 하며, 사회생활에서 부딪히는 문제에 대해 항상 명확한 정답이 존재하지 않을 수 있다는 것을 발견해야 한다.

학습경험은 대상과의 상호작용을 통해 학습자 자신에 의해 구성되는 것이다. 교사가 조작하고 통제하는 것이 아니라 경험과 성찰에 기반을 둔 학습자의 주체적인 인식에 따라 형성되는 것이다. 지식과 기술은 학습자가 자신의 삶과 관련하여 의미 있는 것으로 인식할 때 가장 효과적으로 학습된다. 이것은 외재적 보상보다 훨씬 강력한 학습의 본질적인 기쁨을 가져올 수 있다. 내재적 동기에 기초한 학습의 효과는 외재적 동기에 기초한 학습 효과보다 더 깊고 오래 지속된다.

3. 교육의 보편적 · 다원적 · 절대적 수월성

교육정책과 현장에서 적용되는 '수월성'의 개념은 그 내용 여하에 따라 교육의 실제 모습을 크게 좌우할 수 있다. 우리 교육은 실제로 선별적, 일원적, 상대적 수월성 개념에 사로잡혀 있으며 필자가 제안하는 보편적, 다원적, 절대적 수월성의 개념은 이론적으로는 지지가 되지만 교육현장에 미치는 실제 영향력은 크지 않은 것 같다. 이 문제는 수많은 학생의 교육소외 문제와 깊이 연관되어 있다.

우리 교육에서 수월성은 미국 교육에서 사용되는 excellence라는 용어의 번역으로 1980년대 중반부터 사용되기 시작하였다. 미국에서는 모든 학생이 자기 자신의 한계에 도달할 정도의 우수한 성취에 이르는 것을 의미하고 있으나 우리나라에서는 일부 선별적인 집단의 상대적 우수성을 의미하는 용어로 사용되고 있다. 정부에서도 수월성 교육정책이라 하여 영재교육, 특목고와 자사고, 수준별 학습 등 소수 우수학생 집단에 대한 분리적 접근을 택하는 경향을 보여 왔으며 언론이나 사회 일반의 시각도 이와 별로 다르지 않다고 본다.

이와 같은 선별적, 상대적인 수월성 개념은 소수 우수 집단에 들지 못하는 대다수 학생을 교육의 과정에서 소외시키는 결과를 초래할 수 있으며 실제로 그런 현상이 발생하고 있다. 대학입시라는 제한된 경쟁 틀 속에서 모든 학생과 학교가 서열화되고 서열을 높이기 위해 모든 공적, 사적 자원이 투입되는 가운데 교육은 다양성과 창조성을 상실하고 학생 개인은 성적의 노예가 되며 대다수는 편협한 수월성 경쟁 구도 속에서 패자로 전락하게 된다. 많은 학생의 다양한 성장 잠재력이 사장되고 패자로 낙인찍히며 실패를 경험할 수밖에 없는 비교육적, 비생산적이며 불공정한 교육상황이 지속, 반복된다.

교육의 수월성은 미국에서 사용되는 바와 같은 본래의 의미로 돌아가야 한다. 즉, 모든 학생이 자신이 지닌 다양한 잠재 역량을 개발, 발휘하여 자신의 한계를 극복할 기회를 얻어야 하며 이는 개인의 다양한 관심, 적성, 진로와 부합되어야 한다는 것이다. 이것이 곧 보편적, 다원적, 절대적 수월성의 개념이며 소수만이 승자가 되고 다수는 패자가 될 수밖에 없는 현재의 굴레에서 벗어나 누구도 소외되지 않고 승자가 될 수 있는 교육 패러다임으로 전환이 이루어져야 한다.

여기에 필자가 발표한 수월성 관련 논문 전문을 소개한다. 내용이 길어서 독자께서는 관심 있는 부분만을 골라서 읽으셔도 좋고 이 주제에 관심이 깊으신 분은 전체를 일독하셔도 좋을 것이다. 아니면 이 부분은 건너뛰고 제6장(157쪽)으로 바로 가셔도 무방하다.

한국 교육에서 수월성의 의미와 실현 조건 탐색[24]

오늘의 세계는 바야흐로 국경을 넘어선 글로벌 경쟁의 시대이다. 국가 간, 기업 간, 기관 간, 개인 간의 경쟁은 전 세계적으로 치열하게 벌어지고 있으며 지식경제와 정보화의 급속한 진전은 이를 더욱 첨예하게 부추기는 작용을 하고 있다. 이러한 경쟁적 생태계에서 한 체제와 구성원의 생존과 번영은 다른 체제 및 구성원에 대한 경쟁력에 의해 좌우된다. 여기서 경쟁력이란 체제론의 관점에서 본다면 주어진 투입으로 적절한 과정을 통해 최상의 산출을 만들어 환경으로 내보내는 역량을 말하며 이 역량이 상대보다 우수하여 더 좋은 산출과 동시에 더 높은 생산성을 보일 때 경쟁력이 있다고 할 수 있다. 우리는 바로 이 '역량이 우수할 때 이를 '수월성'이라고 부를 수 있을 것이다. 수월성을 군이 이러한 체제론적 관점으로 바라보지 않는다 하더라도 이와 같은 관점은 적어도 사회적 차원에서 수월성 개념에

---

24) 김인희·이혜진(2016). 한국 교육에서 수월성의 의미와 실현 조건 탐색(교육정책연구 제3권, 한국교원대학교 교육정책연구소)에서 발췌하여 보완함.

이미 내포되어 있는 중요한 속성이라고 볼 수 있을 것이다. 그렇다면 수월성은 한 체제나 개인이 생존, 번영하는 데 있어서 핵심적인 조건이 된다고 할 수 있으며, 현재의 글로벌 경쟁, 더 나아가 인간 사회 대부분의 경쟁은 결국 수월성의 경쟁이라고 해도 과언이 아닐 것이다. 국민 역량의 수월성은 국가경쟁력의 관건이 되는 것으로 인식되는바, OECD는 PISA를 통해 회원국의 학생(만 15세)이 지닌 역량을 비교 평가해 왔으며 이는 그 국가의 미래 경쟁력을 시사하는 것으로 해석되어 지난 10여 년간 각국의 교육정책에 상당한 영향을 미쳤다.

각국에서 추진하고 있는 수월성 교육의 특징을 살펴보면 첫째, 21세기 지식기반사회에 접어들면서 각국은 우수 인적자원 개발을 위해 국가적 차원에서 수월성 교육정책을 수립하고 적극적으로 추진하고 있다. 둘째, 초·중등학교 내에 별도 프로그램을 운영하거나 특정 분야의 인재양성을 위한 특화된 학교를 운영하고 있다. 셋째, 미국과 영국에서는 과목별로 내용의 수준을 등급화하여 수준별 수업을 시행하고 있다. 넷째, 대학에서는 수월성 교육프로그램을 개설하여 고등학생에게 제공하거나 대학 우수학생들을 위한 과정을 운영하고 있다. 다섯째, 교육의 평등성과 수월성 교육 간의 가치적 갈등은 없으며, 대부분 국가에서 수월성 교육에 대한 행·재정 지원을 강화하고 있다(박성익, 2006: 3).

학생들의 수월성이 국제적으로 인정받고 있음에도 불구하고 한국에서는 그동안 교육의 수월성과 평등성을 둘러싸고 논란이 지속되어 왔으며 이는 특히 고교평준화를 중심으로 이루어져 왔다고 할 수 있다. 많은 교육 담론과 연구에서 교육에서의 평등성과 수월성의 관계에 대한 견해들이 제시되었다. 즉, 두 가치가 서로 대립하는 것으로 양자택일을 하여야 하는가 아니면 현실적으로 양자를 조화시킬 수 있는가에 관한 논의가 주를 이루었다(최용섭, 1984; 문용린, 2002; 반상진, 2005; 김종관, 2005; 김경근, 2006; 안병영, 2010).

한편, 이 이슈는 보수와 진보 정치세력 간 이념 투쟁의 전선을 형성하여 해묵은 정치적 대립과 정책 갈등의 소재가 되어왔다. 예컨대 수월성 교육의 상징처럼 인식되는 자립형 사립고나 특수목적고를 둘러싼 양측의 정책적 의견 대립이 첨예하게 진행되어 온 것이다. 교육감이 정치적으로 보수성향인가 진보성향인가에 따라 교육청의 정책은 두 노선 사이에서 오락가락하는 형국이 되고 있다. IMF 외환위기 이후 이러한 대립은 더욱 심화했다고 보이는데, 국가적인 체제 효율화를 위한 선택과 집중, 경쟁과 효율을 중시하는 신자유주의적 원리가 사회 전반에 강화된 반면, 경제적 실패에 따른 빈곤층의 증가, 생산체제 변화에 따른 고용 감소 등으로 인한 사회 양극화의 심화로 형평성과 복지를 위한 정책 수요 역시 크게 확대되어 온 것과 무관하지 않다.

이와 같은 교육의 수월성 논의에 대한 사회적 배경과는 상관없이 수월성은 교육 본연의 목적이자 가치로서 의미를 지닌다. 모든 학습자는 학습을 통해서 도달해야 할 목표 수준이 있을 것이며 이에 도달하는 정도를 통해 '수월성'이라는 용어를 사용할 수 있을 것이다. 이러한 교육 본연의 내재적 가치로서의 수월성이 앞에 언급된 사회적 의미의 수월성과 만날 때 어떤 문제 또는 효과가 발생하는지는 교육의 중요한 목표 가치로서의 수월성을 실현하기 위해 면밀히 살펴보아야 할 대상이다. 양자가 서로 상충하는 경우 우리 교육의 선택은 어떠해야 하는지에 대한 답을 찾아야 할 것이다.

본 연구는 '수월성'이란 가치가 우리 교육에서 차지하는 의미를 파악하고 수월성의 올바른 실현을 위한 조건을 모색하는 데 그 목적이 있다. 이를 위해 문헌연구를 바탕으로 수월성의 개념과 수월성을 둘러싼 쟁점, 수월성 실현의 장애 요인 등을 살펴보고 수월성 실현을 위해 충족되어야 할 조건을 도출하고자 한다.

가. 수월성의 개념

수월성(秀越性)은 영어의 excellence를 번역한 용어라고 볼 수 있으며, 한자어로서 '빼어나다'(秀)와 '넘어서다'(越)라는 의미의 결합어라고 할 수 있으며, 국립국어원의 표준국어대사전에도 나오지 않는 신조어라고 할 수 있다. 교육학 용어사전에는 "생활의 모든 면에 있어서 최상의 표준에 도달하기 위한 노력으로 다양한 개념을 가지고 있다"라고 광범위하게 정의하면서 사용되는 의미의 다양성을 언급하고 있다.

박영숙(2010)은 우리 교육학에서 수월성이란 용어가 사용된 시점은 1983년 'A nation at risk' 보고서 발표에 따른 미국 교육의 excellence 논의 이후라고 보는데, 이때부터 최용섭(1984), 서정화(1985), 김정한(1987) 등의 글에 '수월성' 용어가 사용되기 시작했다고 한다. 영한사전의 excellence는 '뛰어남, 훌륭함, 탁월함'으로 번역되므로 수월성이 영어의 excellence를 번역한 용어라면 그 의미는 뛰어남, 훌륭함, 탁월함 등과 같다고 볼 수 있을 것이나, 군이 기존의 용어들을 두고 수월성이란 신조어를 만들어 낸 까닭은 무엇일까? 이는 아마도 미국 교육에서 말하는 excellence를 영어사전의 우리말 번역이 원어의 뉘앙스를 충분히 전달하지 못하거나, 이러한 일상적 용어와 구분하여 의미를 덧붙이려는 의도가 있었기 때문일 수 있다.

서정화(1985)는 수월성을 excellence라고 하면서, "수월성은 소수의 사람만이 달성할 수 있는 것은 아니다. 하나의 집단 또는 사회 전체의 격조를 높이는 일로써 다양한 수준의 능력을 갖춘 개개인이 힘껏 높은 수준의 업적을 올리려고 하는 노력 내지 그 소산이다"라고 하여 Gardener(1961)의 excellence 개념을 인용 제시하고 있으며, 김종철(1983)은 역시 excellence를 수월성이라 하면서 'A nation at risk' 보고서를 작성한 미국의 국가교육 수월성 위원회(National Commission on Education in Excellence: NCEE)의 excellence에 대한 정의를 받아들이고 있다. 즉, 수월성이란 "학생의 관점에서는 각자의 한계를 파악하고 이를 극복하여 자기 능력의 최고수준에서 일을 수행하는 일이며, 학교의 관점에서는 높은 수준의 기대 및 목표를 설정하고 거기에 도달하도록 가능한 모든 방법을 동원하여 돕는 일"이라는 것이다.

이렇게 볼 때, 적어도 우리 교육학계에서 사용하는 수월성이란 용어는 미국 교육에서 사용하는 excellence의 의미를 전달하기 위하여 만든 새로운 용어라고 할 수 있다. 다만, 용어의 연원은 그렇다고 하더라도 실제로 수월성의 의미가 우리 학계나 교육계, 일반 사회에서 어떤 의미로 사용되고 있는가는 또 다른 문제라고 할 수 있다.

수월성에는 다양한 의미의 구분 기준들이 적용되고 있으며, 그만큼 의미의 다양성이 존재한다고 볼 수 있는데, 학술 문헌에 나타나고 있는 의미 구분의 경우들을 보면, 절대적(준거 지향적)-상대적(규준 지향적), 일원적-다원적, 수직적-수평적, 선별적-보편적, 주관적-객관적, 가능성·자질-수행결과, 개인적-집단적, 제도적-사회적, 집단 내-개인 내, 경험적-이념적, 도구적-내재적 등이 나타난다(표 4). 결국, 수월성을 이들 구분 중 각각 어떤 관점에서 보는가에 따라 이론적으로 매우 다양한 조합이 구성될 수 있으며, 어떤 조합으로 수월성을 바라보는가에 따라 역시 매우 다양한 견해와 입장들이 존재하고 많은 충돌과 갈등, 혼란이 발생할 소지가 있다고 할 수 있다.

<표 4> 수월성의 의미 구분

구분		구분 기준 및 내용	참고문헌[25]
절대적-상대적	절대적 준거 지향적	정해진 목표를 달성한 정도의 절대적 수준에 관심	반상진(2005) Strike(1985)
	상대적 규준 지향적	다른 대상과 비교하여 목표달성 수준이 상대적으로 우수한가에 관심	반상진(2005) Strike(1985)
일원적-다원적	일원적	한 가지 영역의 도달 수준으로 평가	김경근(2006) Gardener, H. (1993)
	다원적	생활의 모든 면, 다양한 영역의 도달 수준으로 평가	박성익(2006) 서울대 교육연구소(1994) Gardener, H. (1993)
수직적-수평적	수직적	한 가지 영역의 도달 수준으로 상대적 평가	김경근(2006)
	수평적	다양한 영역의 도달 수준으로 절대적 평가	김경근(2006)
선별적-보편적	선별적	상대적으로 우수한 소수를 수월성의 주체로 인식	최은순(2014) 교육부(2004) 안병영(2010)
	보편적	모든 주체를 수월성의 주체로 인식	Gardener(1961) 최은순(2014) 조석희 외(2006)
주관적-객관적	주관적	수월성의 주체가 스스로 인식하는 수준을 수월성의 기준으로 적용	Silverman(1993) 박성익(2006)
	객관적	객관적 기준으로 수월성을 판단	Gardener, H. (1993)

25) 참고문헌이란 그 개념을 소개하거나 논의가 이루어지고 있는 문헌을 의미하며, 그 개념

구분		구분 기준 및 내용	참고문헌[25]
집단 내- 개인 내	집단 내	집단 내에서 상대적 비교로 수월 성을 판단	Gardener(1961)
	개인 내	개인 내에서 상대적으로 수월성 을 보이는 영역이 있는가에 관심	Gardener(1961) Gardener, H. (1993)
가능성· 자질- 수행결과	가능성· 자질	주체가 가지고 있는 가능성과 자 질을 수월성의 기준으로 적용	Gross(1989)
	수행결과	주체가 수행하여 이루어낸 성과 를 수월성의 기준으로 적용	조석희·박성익(2006) 고요한(1989)
경험적- 이념적	경험적 심리학적	개체가 가지는 일종의 생물학적 특성	최은순(2014)
	이념적 철학적	인간의 보편적 자질, 즉 인간 본성	최은순(2014)
도구적- 내재적	도구적	외재적 목적의 수단으로서의 수 월성	최은순(2014) Gardener, H. (1993)
	내재적	교육 본연의 목적으로서의 수월성	최은순(2014) 한혜정(2008)
개인적/집단적 제도적/사회적	개인적	개인의 수월성 실현에 관심	Gardener(1961) NCEE(1983)
	집단적	집단의 수월성 실현에 관심	이윤미(2002) 송채정(2005)
	제도적	개인 또는 집단이 수월성을 실현 할 수 있도록 제도적으로 지원 (예: 학교)	NCEE(1983) Sergiovanni 외(1999) 문용린(2002)
	사회적	개인 또는 집단의 수월성 실현을 통해 사회 전체의 발전을 가져오 는 데에 관심	Gardener(1961) 조석희 외(2006) VanTassel Baska (1997)
목표달성 수준- 목표달성 노력	상태	높은 수준에 도달한 상태를 수월 성으로 봄	조석희·박성익(2006)
	행위	높은 목표에 도달하기 위한 일, 노력, 행위를 수월성으로 봄	NCEE(1983) Joyce(1997)

을 지지하는 견해를 택하고 있음을 의미하지는 않는다.

이와 같은 의미의 구분은 수월성의 개념을 밝히는 데 필요한 주요 질문에 대한 응답으로서 의미를 지니는데, 그 질문은 ① 수월성이란 무엇인가? ② 수월성은 왜 필요한가? ③ 수월성의 주체는 누구인가? ④ 수월성은 어떻게 측정될 수 있는가? 등이다. <표 5>는 이들 질문에 대하여 서로 다른 입장을 지니는 응답들을 제시한 것으로 <표 4>에 제시된 내용을 구조화하고 상호 연계성을 찾는 하나의 방법일 수 있다.

<표 5> 수월성에 대한 주요 질문과 입장

구분	수월성이란 무엇인가?						수월성은 왜 필요한가?		수월성의 주체는 누구인가?		수월성은 어떻게 측정될 수 있는가?	
수월성 A	상대적	일원적	수직적	집단 내	경험적	상태/ 행위	사회적	도구적	선별적	개인/ 집단/ 제도	수행 결과	객관적
수월성 B	절대적	다원적	수평적	개인 내	이념적		개인적	내재적	보편적		가능성 · 자질	주관적

<표 5>에서 서로 가치 정향(定向)이 부합되는 입장에 따라 조합을 해보면 논리적으로 서로 대비되는 적어도 2가지의 조합이 만들어질 수 있다. 첫 번째 조합(수월성 A)은 상대적, 일원적, 수직적, 집단 내, 경험적, 도구적, 선별적, 객관적, 수행결과 등으로 결합할 수 있으며, 두 번째 조합(수월성 B)은 절대적, 다원적, 수평적, 개인 내, 이념적, 내재적, 보편적, 주관적, 가능성·자질 등으로 결합할 수 있을 것이다. 이는 가상의 이론적인 전형적 조합이라 할 수 있으며, 실제로는 다양한 입장들이 결합한 여러 가지 조합들이 존재하고 적용되고 있

을 것이다. 이와 같은 조합은 개인이나 집단에 대하여 마찬가지로 적용될 수 있을 것이며, 어떤 조합을 택하느냐에 따라 제도적 수월 성과 사회적 수월성의 내용은 다르게 될 것이다.

수월성 A의 관점에서 보면, 수월성이란 한 개인 또는 집단이 특정 영역에서 다른 개인 또는 집단과 비교하여 상대적으로 뛰어난 수행 결과를 나타냄으로써 확인된 그 개인 또는 집단이 지닌 역량의 우수 성을 가리킨다. 이는 그 집단(사회) 내에서 소수의 개인 또는 집단만 이 도달할 수 있는 높은 수준이며, 그 영역의 수월성이 가치를 지니 는 것은 개인 또는 집단, 더 나아가 사회를 위하여 현실적으로 유용 하기 때문이다.[26]

수월성 B의 관점에서 보면, 수월성이란 개인이나 집단이 자신이 지니고 있는 잠재 역량을 발휘하여 우수한 성취를 할 수 있는 자질 과 가능성을 말하며, 이러한 가능성은 어떤 개인이나 집단에게도 동 등하게 적용되는 것으로서 이는 이들의 기본적인 권리로 인식된다. 여기서의 우수성이란 다른 개인이나 집단과의 상대적 비교에 의한 것이 아니라 자신이 도달하고자 하는 절대적 기준에 대한 것이다. 또한, 그 판단 근거는 외부에서 설정된 객관적인 것만이 아니라 그 개인 또는 집단의 주관적인 것일 수도 있으며, 우수성의 대상 영역 은 개인이나 집단에 따라 각자 다를 수 있다. 이러한 우수성의 영역 은 개인이나 집단이 스스로 가치가 있다고 내면적으로 인식하는 영 역으로서 외부로부터 부과된 가치에 반드시 종속되는 것은 아니다. 즉, 수월성은 어떤 외재적 목적을 위해 필요하기보다는 자신이 추구

---

[26] 영재교육이나 엘리트주의 교육이 이에 해당한다고 할 수 있다.

하는 본질적 가치 실현에 우선적으로 기여하는 것이다.

교육의 수월성에 관한 우리 학술 문헌들은 대체로 선별적 수월성보다는 보편적인 수월성을, 일원적 수월성보다는 다원적 수월성을 지지하는 것으로 나타나고 있는바, 수월성 A보다는 수월성 B에 대한 지지가 높다고 생각된다. 다만, 이는 수월성의 개념에 대한 학문적, 규범적, 당위론적 견해를 말하는 것이며, 실제 사회에서 통용되는 수월성 인식은 이와 다를 수 있다고 보아야 할 것이다.

나. 수월성과 관련된 쟁점

1) 평등성과 수월성의 대립? 조화?: 평준화 논쟁과 수월성

교육의 수월성 논의는 주로 교육의 평등성 또는 형평성과 대비되어 이루어진 적이 많았다(Gardener, 1961; 반상진, 2005; 김경근, 2006; 한혜정, 2008; 안병영, 2010). 이러한 논의는 우리나라에만 국한된 이슈는 아니지만[27] 특히 우리나라에서는 고교평준화를 둘러싸고 치열하게 진행된 측면이 있다. 소위 평준화를 지지하는 측은 교육의 평등성을 강조하고 평준화의 틀이 깨지면 교육의 불평등이 심화할 것이라고 보는 반면, 평준화를 비판하는 측은 평등을 신봉하는 평준화로 인해 수월성이 희생되고 오히려 학력의 하향 평준화가 나타나고 있다는 주장을 해왔다.

이러한 논쟁에 대하여 안병영(2010)은 두 관점을 이념적 차원에

---

27) 미국의 경우 Gardener(1961)에 의해 교육의 수월성과 평등성이 양립 가능한가의 문제가 제기된 바 있으며, 1983년 'A nation at risk' 보고서 이래로 교육의 수월성 추구 움직임이 강화되었고 1990년대에 들어와 school choice 운동이 Chubb & Moe(1990) 등에 의해 촉발되면서 교육의 수월성과 평등성 논쟁이 지속되어 왔다.

서 대립적으로만 볼 것이 아니라 실제로 평준화 틀을 유지하면서도 학교 유형의 다양화 등 부분적으로 수월성 교육을 시행하는 정책혼합(policy mix)을 통하여 두 가지의 핵심 가치를 조화시켜야 한다는 의견을 제시하고 있다. 김경근(2006) 등은 평준화의 틀을 유지하되 수월성의 개념을 소수 성적 우수학생을 중심으로 하는 일원적-수직적 수월성 개념에서 모든 학생의 수월성 실현 기회를 제공하는 다원적-수평적 수월성 개념으로 전환하여 학생의 능력, 적성, 희망 진로에 부응하는 개인별 맞춤형 학습 기회를 제공함으로써, 모두가 나름의 수월성을 실현할 기회를 동등하게 보장하여 교육의 수월성과 평등성을 동시에 추구할 수 있다고 본다.

이 문제에 대하여 어떤 것이 정말로 중요한 논점이 되어야 하느냐를 판단하기 위해서는 몇 가지 사항을 짚어 볼 필요가 있다. 첫째, 평등성과 수월성은 과연 서로 대립하는 가치인가 하는 것이다. 한혜정(2008)은 수월성은 교육의 달성 기준, 즉 목표 차원의 가치인 반면, 평등성은 교육의 목표를 달성하기 위한 방법, 절차 차원의 가치이기 때문에 두 가치는 서로 같은 선상에서 대립 또는 보완될 수 있는 관계가 아니라고 보고 있다.

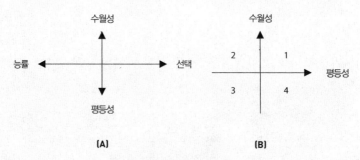

출처: A: Sergiovanni 외(1999:11), B: 박성익(2006:8)

[그림 6] 수월성과 평등성의 관계

[그림 6]의 A 관점에서는 두 가치가 서로 대립(trade-off) 관계에 있어 어느 하나가 증가하면 다른 하나는 감소하는 희생을 감수하게 된다. 한편 B의 관점에서는 두 가치가 충돌하는 관계가 아니므로 서로 희생을 요구할 필요 없이 두 가치 간의 어떤 조합을 선택할 것인가 하는 1, 2, 3, 4분면 중 선택의 문제가 된다.

[그림 7]은 B 관점이 적용된 예이며, 한국은 수월성과 평등성 모두 높은 집단에 속하고 있으며, 핀란드 역시 두 가지를 모두 실현하고 있는 대표적인 국가라고 할 수 있다. 다만, B 관점을 택할 때 현실적으로 목표 가치와 방법 가치가 서로 완전히 독립되어 있어 그 조합 선택에 완전한 자유가 보장되는 것인지 살펴볼 필요가 있다. 실제로 평등을 중시하는 방법을 선택하는 경우 목표로서의 수월성을 실현하는 데 지장을 주지 않는지 하는 것이다.

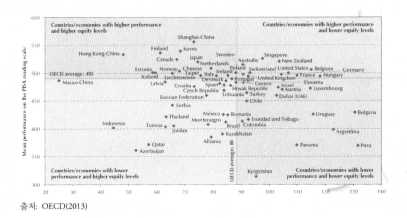

출처: OECD(2013)

[그림 7] 읽기 성취도와 형평성

　이 경우가 가능하려면 평준화 상태에서도 모든 학생이 자기에게 맞는 학습 기회를 통해 수월성을 동등하게 추구할 수 있다는 조건이 충족되어야 한다. 이 조건이 충족되지 않는다면, 논리적, 관념적인 가치 충돌은 없다고 할지라도 현실적으로는 결국 두 가치가 충돌하는 것으로 인식될 여지가 있는 것이다. 평준화라는 방법이 모든 또는 일부 학생의 수월성 실현을 저해하는 작용을 한다면 평준화가 추구하는 평등성이라는 방법적 가치는 목표 가치로서의 수월성과 대립하지 않는다고 말하기 어려울 것이다.

　둘째, 평준화는 과연 평등성을 실현하고 있는가의 문제이다. 평준화가 교육의 평등을 실현하는 데 기여하고 있지 못하다면, 이를 지키기 위해 수월성을 희생한다는 생각은 그 자체로 오류가 된다. 평준화가 평등성을 실현하는 데 기여하고 있다면, 평준화를 통해 평등을 실현하는 실제의 방식이 수월성을 저해하는 부분이 있지 않은지 확인해야 하며, 만일 그렇다면 평등을 실현하는 가운데 수월성을 함께 실현하는 새로운 방안을 찾아야 할 것이다.

살펴보건대, 고교평준화가 원래 추구하는 가치는 평등성이라고 할 수 있다. 고교평준화가 갖는 의도는 모든 고교가 동일한 교육과 정을 동등한 교육여건 수준에서 가르치도록 함으로써, 학생이 어느 학교에 다녀도 동일한 내용의 교육을 동등한 수준의 교육여건에서 받게 되어 학교선택을 위한 과열 입시경쟁을 해소하고 근거리의 학 교에 다닐 수 있도록 하기 위한 것이다. 즉, 평준화의 요체는 모든 학교를 동일하게 만드는 데 있다. 동등한 교육여건을 위해 교사의 수준, 학생의 수준, 교육재정 수준을 원칙적으로 동일하게 책정한다. 학교구에 따른 학생 수준의 지역 간 차이까지 배제하지는 못하더라 도 대부분 조건은 동일하게 적용된다고 볼 수 있다. 이는 곧 교육기 회의 평등을 주된 가치로 삼고 있음을 말한다.

셋째, 평준화된 학교에서 모든 학생의 수월성을 실현하는 것이 가 능한가? 이에 대해서는 첨예한 논쟁이 지속하여 왔다. 일부 학자들 은 평준화는 중위권 및 하위권 학생들의 학업 성취도에 긍정적으로 기여하고 있으며 최상위권학생들에게 다소 불리하게 작용하지만, 전 체적으로는 긍정적으로 작용하고 있다고 한다(성기선, 2004; 이광현, 2005; 김경근, 2006). 김기석 외(2005)의 고교 3년간의 학업 향상도 를 분석한 종단적 연구결과, 평준화와 비평준화 지역 간에 별 차이 가 없는 것으로 나타났다. 교육인적자원부(2007)는 평준화의 성과 중 하나로 대학진학 기회의 획기적인 진전을 꼽는다. 즉, 평준화 이 전보다 훨씬 더 많은 전국의 고등학교들이 소위 일컫는 주요 대학에 학생을 입학시킬 수 있게 되었다는 것이다. 결국, 평준화는 평등에 기여하면서 학생들의 학업성취도 역시 높임으로써 평준화에 의해 수월성이 절대 희생되지 않았음을 강조하고 있다.

한편, 평준화의 문제를 지적하며 해제 또는 보완을 주장해 온 측의 논지는 평준화로 인해 학급이 학업능력의 차이가 큰 학생들로 구성되어 다양한 수준의 학생들 모두를 충족시키는 수업이 구조적으로 불가능하며 그로 인해 수업 부적응 현상이 확대 심화하고 교실이 붕괴하며 사교육이 팽창되어, 사실상의 교육기회 불평등 현상이 심화하고 있다는 것이다. 결국, 어느 누구에게도 적합하지 않은 획일적인 교육과정과 교육방법으로 명분뿐인 평등이 추구되는 가운데, 실제로는 교육기회의 손실과 불평등이 발생하면서 평등성과 수월성 모두가 희생되고 있다는 것이다.

양 측의 주장은 나름대로 논리와 증거를 바탕으로 한 것이므로 평준화 체제의 현실에 대한 다각적인 고찰이라고 이해할 수 있을 것이며, 실제로 교육정책은 이와 같은 다각적인 현실 인식에 기초하여 전개됐다. 그동안 교육부의 정책 기조는 평준화의 기본 틀을 유지하되 그 안에서 수월성 제고를 위해 다양한 보완적 방안을 적용하는 것이었다.

평준화 속에서 보편적 수월성을 실현하기 위한 요건 중의 하나는 내용·형태의 동일성(sameness)과 가치의 동등성(equivalence)을 구분하는 것이다. 교육내용과 방법, 조건 등의 동일성은 일견 평등을 위한 기본 조건으로 보이지만, 학생의 능력, 적성, 희망 진로 등에 따른 다양한 교육적 요구에 부응할 수 없다. 학생들이 자신의 특성을 살려 수월성을 제고할 수 없다면 이는 교육의 수월성뿐만 아니라 평등성에도 위배된다. 이돈희(1999)는 교육의 기회 균등에서 교육이란 '학습자에게 유의미한 학습경험'을 제공하는 교육을 전제로 한다고 보고 있다. 이와 같이 자신에게 유의미한 교육기회를 동등하게 누리는 것이 교육

의 평등이라고 본다면, 평준화가 채택한 동일성의 원리는 '획일성'이
되어 평등에 기여하지 못하며 수월성의 실현은 더더욱 어렵게 된다.

여기서 유의미한 교육기회가 된다는 것은 서로 다른 학습자 개개
인에 대한 '적합성'을 지니고 있음을 의미하며 이는 Kahne(1994)와
김경근(2006)이 말하는 적합성에 입각한 평등의 의미에 해당한다고
할 수 있다. 결국, 평준화가 기초하고 있는 '동일성'의 원리로는 모든
학습자에게 수월성을 실현할 동등한 기회를 줄 수 없으며, '적합성'
에 기초한 평등, 즉 공정성(fairness), 공평성 또는 형평성(equity)의
원리로 수정되어야 함을 말한다.

우리가 평등의 의미를 적합성에 기초한 평등, 즉 형평성의 의미로
받아들이면 개념상으로는 평등성과 수월성이 동시에 추구될 수 있
다. 문제는 현실적으로 평준화라는 제도가 형평성의 원리를 바탕으
로 정당화되고 정상적으로 작동될 수 있는가이다. 교육기회의 적합
성이란 학생들의 다양한 교육적 요구에 맞추어 다양한 교육기회를
제공할 수 있는 교육공급의 신축성 또는 유연성을 요구한다. 평준화
의 본질적 특성인 학교선택의 불필요성은 학교가 모두 동일하여 선
택의 필요성이 없다는 것을 전제한다. 그것이 유지되면서 교육공급
의 다양성과 유연성을 유지하려면, 학교마다 학생 개개인의 교육적
요구에 맞는 다양한 교육기회를 제공할 수 있어야 한다. 하지만 이
는 사실상 이상(理想)에 가까우며, 절대 불가능하다고 할 수는 없지
만 가능하다고 말하기도 쉽지 않다. 평준화 속 우리 학교의 모습은
이와는 너무나 거리가 멀다. 학교마다 다양성과 유연성을 바탕으로
한 교육역량을 갖추지 못한다면 평준화는 형평성과 수월성 모두를
실현할 수 없다.

2) 신자유주의적 수월성 논리

교육의 수월성은 교육의 기본적인 목표 가치이자 교육의 내재적인 가치로서 중요성을 지니는 동시에, 교육의 외재적 목적의 차원에서도 중요성을 지니는 핵심적 가치라고 할 수 있다. 가장 바람직한 것은 교육의 내재적 수월성이 실현되면서 그 결과가 자연스럽게 외재적 목적, 즉 개인의 사회적 성공, 인적자원개발, 사회문화 발전, 국가경쟁력 등에 기여하게 되는 것이다. 그러나 국가적, 사회적으로 진행되는 수월성 논의가 항상 교육의 논리와 가치를 존중하면서 이루어지지는 않는다. 많은 집단이 수월성 논의에 자기중심의 입장과 이해관계를 바탕으로 관여하는 것이다.

지난 20년 동안 우리 사회에서 수월성 교육 주장을 견인해 온 패러다임 중 하나가 신자유주의이다. 안병영(2010: 2)은 수월성은 능력신장과 경쟁력 강화라는 집약적 목표를 지향하고 경제적 효율성 및 생산성에 역점을 두며, 그런 의미에서 본질적으로 자유시장주의적 입장이라고 본다. 이 관점은 대체로 경쟁을 통하여 우수한 인재를 가능한 한 이른 시기에 선발하여 세계경쟁에서 비교우위를 확보해야 한다는 의견을 강하게 표방하며 그런 의미에서 엘리트주의적 함의가 강하다고 하는데, 이는 바로 신자유주의의 관점을 정확하게 설명하고 있다. 신자유주의는 자유, 선택, 경쟁이라는 시장의 원리를 강조한다. 공급자 간 경쟁과 수요자 선택의 자유가 시장의 기본 원리이며 자원의 분배는 시장원리에 의해 이루어질 때 가장 효율적이라고 본다. 경쟁에서 살아남기 위한 공급자의 경쟁력은 우수한 상품 또는 서비스를 시장에 내놓을 수 있는 역량의 수월성에 좌우된다. 공급자들은 경쟁 속에서 더욱 나은 산출을 내기 위해 수월성 경쟁을 벌이게 된다.

교육의 수월성에 대한 신자유주의자들의 요구는 국가경쟁력을 높이기 위한 우수한 인적자원 개발과 같은 교육의 사회적 목표 차원뿐만 아니라 공교육체제의 운영에 경쟁, 선택, 자유라는 시장원리 적용을 주장하는 등 교육의 방법적 차원에까지 이르고 있다. 교육의 공급자인 학교 간의 경쟁을 촉진하고, 수요자인 학생·학부모의 학교선택권을 돌려주자는 것이 이들의 주장이다. 특히, 1995년 문민정부의 5.31 교육개혁안에 대폭 반영되기 시작한 신자유주의적 관점은 진보성향의 '국민의 정부', '참여정부'에서도 움츠러들지 않았으며, 특히 이명박 정부 교육정책에서 정점에 달했다고 할 수 있을 것이다.

　　문제는 신자유주의적 수월성 관점이 그대로 적용되었을 때 과연 교육의 수월성은 어떤 방향으로 향하고 어떤 귀결을 가져올 것인가, 교육의 내재적 가치로서의 수월성과는 어떤 관계를 나타낼 것인가 하는 점이다. 신자유주의 관점은 바로 평준화 유지 입장과 부딪힌다. 학생·학부모의 학교선택권을 주자는 것이 기본 조건이므로 이는 평준화를 해제 또는 대폭 수정하여야 가능하게 된다. 학생·학부모의 선택권을 준다는 것은 학교 간에 내용과 수준의 차이가 있을 수 있음을, 더 나아가 학교의 성공과 실패 가능성을 전제로 한다.

　　시장과 공교육의 차이 중 하나는 시장은 기업의 수준 차이와 성공·실패를 당연시하고 그 자체를 문제로 보지 않는 데 반해, 공교육에서는 학교의 수준 차이와 학교의 실패가 본질적인 문제가 될 수 있다는 것이다. 왜냐하면, 수준이 낮은 학교에도 학생이 있고 실패한 학교에도 학생이 다닌다는 것을 개념적으로 수용할 수 없기 때문이다. 또한, 시장의 소비자가 사용하던 상품과 서비스를 쉽게 바꾸는 것과 달리, 학생은 학교를 쉽게 바꾸기 어려우며 학교는 기업같이 시장 진입과 탈퇴가 자유롭지 않다. 즉, 시장의 적자생존 논리는 공교육체제에는 그대로 적용되기 어렵다. 또한, 적어도 의무교육단계에서 학교의 수준 차이를 전제로 하는 공교육체제 운영은 수용되기 어렵다.

학교 간 경쟁을 유도하여 교육의 수월성을 높일 수 있는가? 이때 중요한 것은 학교들의 경쟁 기준이 무엇인가 하는 것이다. 일류대학교 진학성적이 기준이 된다면, 학교는 그 부분의 성과를 높이기 위해 자원과 노력을 집중하게 된다. 해당하는 소수 학생에게는 혜택이 돌아가겠지만, 대다수 학생은 상대적으로 불이익을 당할 수 있다. 만일, 학교가 모든 학생의 수월성 실현에 얼마나 실질적으로 도움을 주는가를 기준으로 경쟁이 이루어진다면 학교 간 경쟁이 수월성 실현에 기여한다고 하겠지만, 현실적으로 신자유주의자들의 관심은 여기에 이르지 못한다. 또한, 수월성의 내용을 학업성취도로 볼 것인지, 총체적인 인간적 성장으로 볼 것인지 등에 따라 그 경쟁의 타당성은 또다시 논증을 거쳐야 할 것이다. Hill(2007)은 신자유주의에서 말하는 수월성과 교육의 수월성을 다음과 같이 대조적으로 설명하고 있다.

> 시장에서 수월성을 결정하는 척도는 (1) 상품이 얼마나 잘 팔릴 수 있도록 만들어져 있는가, (2) 상품이 얼마나 하자가 없으며 소비자의 눈에 들도록 만들어져 있는가이다. 교육에서 수월성을 결정하는 척도는 (1) 학습자가 얼마나 사심이 없으며 얼마나 공정한가, (2) 학습자가 얼마나 깊고 폭넓은 문제의식을 느끼고 있는가이다. 전자는 이해가 배제된 일방적인 구매 권유로 성취되는 반면, 후자는 일방적 강요, 감각적 유혹, 속임수적인 조건을 배제한다는 것이다(Hill, 2007: 124-125, 한혜정, 2008 재인용).

Hill의 논지는 신자유주의의 수월성 관점은 교육이 전통적으로 추구해 온 내재적 가치를 담을 수 없다는 것이다. 신자유주의의 수월성은 경제적 효용성을 지닌 '쓸모 있는 인간'을 상정하고 이러한 인간을 양성하기 위한 가장 효율적인 방법인 경쟁과 선택의 자유를 강조한다. 한혜정(2008)은 신자유주의에서 말하는 교육, 그리고 그 수월성의 개념은 교육을 상위의 방향키 없는 평면적인 활동으로 변모시킬 가능성이 크고, 거기에 남게 되는 것은 개인적으로든 국가적으로든 '경쟁' 밖에는 없을 것이며, 경쟁 그 자체만으로는 교육이 될 수 없다고 강조한다. 우리 교육에서 나타나는 현실적인 학교 간 경쟁은 모든 학생을 위하기보다는 이름 있는 상급학교 진학성적이 기준이 되어 소수만이 관심 대상이 되는 선별적, 수직적, 일원적, 도구적 수월성 등 앞에서 논의한 수월성 A가 적용되는 모습이다. 이러한 현실 속에서 수월성 개념의 깊은 성찰 없이 학교 간 경쟁을 촉진하는 것은 수월성 B가 설 땅을 좁히게 될 것이다.

신자유주의가 표방하는 시장원리가 교육에 적용되기 어려운 또 하나의 이유는, 시장에서는 소비자들이 서로 다른 구매력을 보유하고 있으며 철저하게 구매력에 따라 소비의 수준이 결정된다. 이를 교육에 적용하면 학생들은 부모의 경제력에 따라 다른 수준의 교육기회를 얻게 된다는 것이며, 이는 곧 교육을 통한 수월성 실현의 기회에 차등이 생기는 것을 의미하는바, 시장원리에 의해 분배되는 수월성의 기회는 경제력을 가진 집단에 유리하게 제공되어 사실상 선별적 수월성이 될 가능성이 커진다. 결국, 사회의 빈부격차가 교육기회 및 성과의 격차로 재생될 수밖에 없는데, 이는 모든 국민은 능력에 따라 균등한 교육을 받을 권리를 천명한 우리 헌법, 사회적 신분이나 경제적 지위 등을 이유로 교육에서 차별을 받지 아니한다고 규정한 교육기본법 제4조(교육의 기회 균등)에 위배되는 것이다.

3) 선발과 수월성

교육은 사회적 선발의 기능을 가진다. 노동시장, 특히 정부를 포함하여 공공 또는 민간기관에서 적용되는 인재선발의 기준, 주요 대학에서 적용되는 신입생 선발의 기준, 명망 있는 학교들이 적용하는 학생선발 및 평가 기준들은 학생들의 수월성 제고 노력에 영향을 미치는 강력한 요소들이다. 학생들이 현실적으로 수월성을 높이기 위해 노력해야 하는 분야는 결국 진학 및 취직과 무관할 수 없다. 원하는 고등학교, 대학교, 직장에 들어가기 위해 영어, 수학, 논술, 과학, 악기연주, 각종 대회 참가, 체험 활동, 봉사 활동 등등 자신의 수월성을 높이기 위해, 남보다 조금이라도 나은 스펙을 쌓기 위해 노력한다.

이와 같은 수월성은 개념상 도구적 수월성에 해당하며, 상대적 수월성이 요구된다. 측정에서는 가능성이나 자질보다는 수행결과를 기준으로 하는 경우가 많다. 학생들이 수월성을 쌓는 구체적인 내용이나 방법은 수월성을 평가하는 주체(학교나 기업, 정부 등)가 적용하는 기준과 방식에 종속될 수밖에 없다. 교육에서 본질적으로 중시되는 수월성 B는 이와 같은 사회적 선발에서 적용되는 수월성과 배치될 수 있다. 대입 수학능력시험은 대표적인 선발 기제이며, 많은 학생은 이 시험에 자신의 수월성 표준을 설정한다. 예컨대, 영어 능력은 수능시험에 필요한 수준을 넘어설 필요가 없다. 수능시험에 나오지 않는 분야의 수월성은 의미가 없어진다. Kohn(1999)은 표준화된 시험의 엄격한 적용은 학습의 협소화를 가져오는바, 좋은 학습자의 특성인 주도성, 창의성, 상상력, 개념적 사고, 호기심, 노력, 판단력, 헌신 등을 측정하기 어렵다고 지적한다. 결국, 수월성의 범위와 수준은 이러한 선발 기제에 맞추어 수렴되며 그만큼 제한되는 것이다. 이러한 선발 기제에 의해 제약된 수월성 경쟁 속에서 다원적, 수평적, 내재적, 주관적 수월성, 즉 수월성 B는 위기에 처할 가능성이 크다.[28]

Van Tassel-Baska(1997)는 선발이라는 과정을 통해 모든 학생에게 수월성을 추구하게 하려는 교육정책의 조건을 제시하고 있다. (1) 다양성을 추구한다. 다양한 재능을 지닌 학생들을 다양한 영역에서 찾아야 한다. (2) 많은 측정 도구를 사용한다. 다양한 연령과 영역에서 재능 있는 학생들을 찾아낼 수 있도록 다양한 평가도구를 사용한다. (3) 편견이 없어야 한다. 배경이 다양한 학생들에게 적절한 기회를 동등하게 제공해야 한다. (4) 잠재력을 측정해야 한다. 분명히 드러나는 재능뿐만 아니라 잘 드러나지 않는 재능도 발굴하도록 노력해야 한다. (5) 동기를 측정해야 한다. 성취에 있어서 중요한 역할을 하는 동기와 열정을 고려해야 한다. (6) 적절하게 대응해야 한다. 발달속도가 서로 다른 학생들과 성숙해 감에 따라 취미가 달라질 수 있는 학생들을 수용할 수 있는 측정절차를 사용해야 한다(조석희 외, 2006 재인용).

---

28) Fishkin(2014)은 그 사회의 성공 기회는 기회구조가 획일적일수록 제한된다고 본다. 기회구조가 제한될수록 사회의 병목현상은 심화하며 기회 균등은 저해된다. 수직적, 일원적 수월성에 기초한 획일적, 폐쇄적인 선발기준은 곧 획일적인 기회구조로 귀결된다.

4) 수월성의 기준

교육의 수월성 기준은 교육의 본질, 목적을 어떤 관점에서 보는가에 따라 그 의미가 달라진다. 최은순(2014)은 교육이 추구하는 수월성의 가치를 '이념'에서 찾는가, '이익'에서 찾는가에 따라 수월성의 내용이 달라진다고 본다. 전자는 인간에 대한 철학적 관점을 바탕으로 하며 이는 수월성을 인간의 보편적 자질, 즉 인간 본성으로 간주한다. 후자는 인간에 대한 과학적 관점을 바탕으로 하며 인간의 생물학적 특성에 대한 객관적, 경험적 인식에 기초한다. '교육은 무엇을 하는 활동인가?'라는 질문에 대하여 두 관점은 다른 대답을 내어 놓는다. 후자는 인간의 생물학적 특성을 바탕으로 생활에 필요한 기능을 최대한으로 개발하는 것을 의미하게 된다. 결국, 교육은 삶에 필요한 여러 가지의 능력을 지닌 인간을 양성하는 것이 되며, 수월성의 기준은 그 능력의 수준이 된다.

이에 비해 전자의 교육은 인간의 존재 목적에 비추어 완성형의 인간을 추구하는 내재적 가치를 중시하는바, 교육은 다른 목적을 위한 수단이 아니라 그 자체로서 가치를 지니며, 교육의 목적과 방법은 분리될 수 없다. 즉, 과학적 인간관에 기초한 교육의 수월성이 도구적, 객관적, 사회적 효용의 추구, 직업 세계와 연관되는 데 반해, 철학적 인간관에 기초한 교육의 수월성은 내재적, 주관적, 자기 본질의 추구, 자아실현과 연관된다고 볼 수 있을 것이다.

교육이 과학적 인간관에 편향되고 실용적 이익을 추구하는 활동이 된다면, 교육은 경험적 세계에 갇히게 된다. 인간이 추구하는 정신적, 이념적 세계는 교육에서 배제되거나 경시된다. 자유, 평등, 정의와 같은 민주주의 원리에 대한 교육, 역사와 철학, 문화와 예술, 고전과 문학을 통한 지성과 감성의 함양과 같은 인문교육의 가치들은 생활세계에서 직접 필요한 수단적 가치를 지닌 지식과 기능 교육에 자리를 내어주게 된다. 교육의 수월성 역시 경험세계에 갇히게 되고 인간의 정신적 수월성을 높일 기회는 점점 사라진다. 우리의 교육은 현재 어디에 서 있는가?

생각건대, 교육은 내재적 목적과 동시에 외재적 목적을 지닌다. 즉, 두 가지는 어느 하나도 소홀히 할 수 없는 필수적인 가치라고 할 수 있다. 중요한 것은 이 중 어느 하나 때문에 다른 하나가 희생되어서는 안 된다는 것이다. 두 가치는 서로 균형을 이루고 순기능을 하여야 한다. 현재 우리 학교 교육의 모습은 지나치게 경험세계의 실용적인 차원에 비중이 두어지고 상대적으로 정신적 차원은 위축되어 있는 듯하다. 불균형한 교육은 결국 불균형한 수월성을 낳게 될 것이며 그에 따른 부담과 부작용은 우리 사회 전체가 떠맡게 될 것이다.

다. 수월성 실현의 장애 요인

1) 개념과 관점의 혼재

교육학 문헌을 통해 드러나는 우리 학계의 수월성에 관한 입장은 거의 보편적, 다원적 수월성을 지지하는 것으로 보인다. 이를 가장 잘 표현한 정의는 "모든 학생이 각자의 한계를 파악하고 이를 극복하여 자기 능력의 최고수준에서 일을 수행하는 일"(NCEE, 1983)이라고 할 수 있을 것이다. 수월성이 특정한 개인 또는 집단의 능력을 의미하는 한 만약 그러한 것을 교육의 보편적인 목적으로 제시하는 교육이 있다면 그러한 교육은 명백히 민주주의의 평등이념과 맞지 않는 것으로 지탄받아 마땅하다(최은순, 2014).

보편적 수월성은 정부에 의해서도 주창된 바 있다. 2004년 12월 교육인적자원부는 '창의적 인재양성을 위한 수월성 교육 종합대책'을 발표하였으며 이는 지식 정보화 시대의 창의적 인재에 대한 국가·사회적 요구를 30년 된 고교평준화 상태에서 충족시키기 어렵다는 문제제기에 대한 정부의 대응이라고 할 수 있다. 이 대책은 영재교육이나 엘리트교육과는 달리 평준화 틀을 유지하면서 교육의 형평성과 조화를 통해 학생 개개인에게 자신의 능력에 따라 알맞은 교육을 받을 기회를 제공하는 데에 그 목적이 있다(조석희 외, 2006).

그럼에도 불구하고 이 대책의 주요 내용은 영재교육, 특수목적고 교육의 정상화, AP 과목 개설, 조기 진급 및 조기 졸업, 집중이수과정 운영 확대 등 우수학생을 위한 정책을 중심으로 구성되어 있으며, 아울러 수준별 이동수업, 초등학교 창의성 교육, 독서교육 등의 모든 학생을 대상으로 하는 내용과 함께 2010년까지 초·중·고 상위 5% 학생에게 수월성 교육을 시행한다는 내용을 포함하였다. 교육인적자원부의 보편적 수월성 입장 설명에도 불구하고 이 대책은 주된 내용이 선별적 수월성, 즉 소수 영재교육을 지지하는 견해로 해석되어 비판을 받기도 하였다(박종필, 2005).

정부의 상징적인 주요 정책조차 수월성의 개념을 혼란시키는 역할을 했다. 이 대책을 접하는 국민은 정부의 해설과는 상관없이 이 대책이 소수의 우수한 학생들에게 평준화의 덫에서 벗어나 수월성을 발휘할 기회를 주겠다는 의도로 받아들일 수 있다. 그들은 정부의 수월성 교육 방향은 결국 선별적 엘리트 교육이라는 생각을 강화하게 될 것이며, 일반 사회의 수월성 교육에 대한 인식이 같은 방향으로 강화될 것을 짐작할 수 있다.

2006년 초·중등 교육관계자들을 대상으로 수월성 교육에 대한 인식을 조사한 결과 47%가 수월성 교육을 '영재를 포함한 우수학생들의 잠재력을 최대한 계발하는 교육'이라고 응답하였다고 한다(조석희·박성익, 2006). 즉 교육자들조차 수월성 교육에 대한 인식이 선별성과 보편성 사이에서 양분되고 있다고 보아도 될 것이다. 다만, 이는 개념에 대한 인식이지 그 입장을 지지하는 것과는 별개라고 보아야 할 것이다. 분명한 것은 수월성 - 특히 선별성과 보편성 - 에 대한 서로 다른 인식, 서로 다른 입장이 우리 교육계와 일반 사회에, 어쩌면 교육 당국의 정책관계자 사이에도 혼재되어 있을 수 있다는 점이다.

교육인적자원부(2007)는 수월성에 대한 우리 사회의 인식이 왜곡되어 있다고 지적하고 있다. 고등학교 수월성 교육을 명문대 입시대비 교육으로 인식하고 있고, 소위 명문 대학, 인기 학과에 진학하여 졸업 후 높은 사회경제적 지위를 차지하기 위한 수단으로 왜곡되어 있으며, 수준별 수업 등 학교 내 수월성 교육프로그램이 미흡하여 특목고에 진학해야만 수월성 교육을 기대할 수 있다는 인식이 팽배하고 있다는 것이다. 즉, 우리나라 고등학교 단계의 수월성 교육은 명문 대학을 가기 위한 도구적 수월성으로 인식되며 그런 전제에서 특목고가 선호되고 있음을 말한다.

한편, 정재희(2009)의 수월성에 관한 언론 담론 분석에 의하면, 주로 엘리트 중심의 선별적 수월성의 의미가 형성되어 왔으며, 보수언론이 이를 주도하고 진보언론은 이에 대한 대항 담론을 펴는 과정에서 역시 수월성을 엘리트주의적 의미로 사용하는 경향이 있었다고 한다. 보편성을 내용으로 하는 대안적 의미로 사용된 적이 있기는 하였으나 중심적인 아이디어로 발전되지는 못하였다고 지적한다.

이와 같이 우리 사회에 수월성을 둘러싸고 있는 개념 인식은 집단마다 차이가 있다. 학계는 보편적, 다원적 관점을 대체로 지지하고, 정부는 개념적으로 보편적, 다원적 관점을 취하고 있으나 실제로 제시하는 정책은 엘리트 교육의 틀을 벗어나지 못하며, 학생 모두의 수월성 실현을 가능케 하는 구체적 방안을 제시한 바 없어 오히려 일반 사회의 선별적 관점을 강화하는 역할을 하고 있다고도 볼 수 있다. 언론은 공공연히 선별적 관점을 홍보, 확산시키고 있으며, 이는 학부모들의 입장과도 큰 차이가 없다고 생각된다. [그림 8]은 각 집단의 견해를 나타낸 것이다.

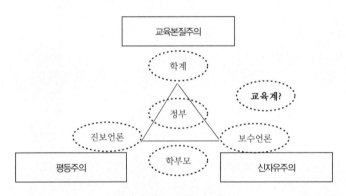

[그림 8] 교육의 수월성에 대한 견해

앞에서 수월성의 다양한 개념과 관점의 혼재 및 충돌, 신자유주의 논리와 교육의 선발 기능이 가져오는 수월성에 대한 부정적 영향 등에 대하여 논하였는데, 이러한 수월성을 둘러싼 의미 형성의 복잡성은 현실적으로 수월성의 왜곡 현상을 가져올 수 있다. 다수의 교육학자가 지지하는 것으로 보이는 교육본질주의 또는 수월성 B의 관점에서 볼 때, 이러한 수월성 의미의 복잡성은 위협이 될 수밖에 없다. 또한, 그러한 의미를 형성하게 된 사회적 현실 그 자체가 수월성, 즉 보편적, 다원적인 수월성 실현에 장애요소로 작용한다고 볼 수 있다.

2) 이념에 치우친 논쟁과 갈등

보수와 진보 세력 간의 이념적 대립은 교육 분야에서도 첨예하게 진행됐으며 평등성과 수월성은 양측의 가장 대표적인 이념적 도구가 되어왔다. 보수와 수월성, 진보와 평등성을 자연스럽게 연결 짓게 되는 고정 도식은 이러한 투쟁의 산물일 것이다. 안병영(2010: 2)은 수월성은 자유시장주의적 관점으로서 이념적 (신)자유주의자들, 사회의 보수적 지도층, 특히 경제 엘리트들의 입장을 강하게 지지하며, 형평성은 진보적 사회세력과 민중들, 그리고 과도한 시장주의의 발호를 우려하는 진보적 지식인들의 지지를 받는다고 하면서, 두 관점 모두 이념성을 강하게 함축하고 있어 각각의 입장을 지나치게 강조하다 보면 자칫 이념적 대결 양상으로 치닫게 되며, 이러한 지나친 '이념화' 경향은 교육정책에 대한 사회적 합의를 어렵게 할 뿐만 아니라 수월성과 형평성의 조화를 어렵게 하는 가장 큰 장애요소가 된다고 지적한다. 반상진(2005)도 교육의 평등성과 수월성에 대한 논의는 정책 방향과 의제 설정 과정에서 타당성과 적합성 여부에 대하여 논쟁하기보다는 가치 갈등으로 인한 이해관계자들의 대립적 관계가 지속하여 왔다고 보고 있다.

결국, 수월성과 평등성에 관한 정책 이슈는 그 자체의 문제 진단과 합리적 대안 모색에 논의가 집중되지 못하고 양측의 일방적, 극단적 주장으로 이분화되면서 힘겨루기의 모습으로 변질되는 경향을 보여 왔다. 이러한 정치적, 이념적 대립과 갈등의 과정에서 교육 본질적인 가치는 항상 뒷전으로 밀리게 되며, 정치적 대립 구도 속에서 현실적 타협점을 찾으려 하는 정부의 정책적 선택에서 교육의 본질적 가치는 소홀히 다루어질 가능성이 크다. 특히, 주민직선제 도입 이후 진보성향의 교육감이 대거 진출함으로써 보수 정권 시절의 중앙정부와 진보성향 교육감 간의 대립이 발생하였고, 이념 성향이 다른 전, 현직 교육감 간의 정책 노선 변경에 따른 충돌과 단절, 일관성과 예측 가능성의 상실 등은 특히 수월성과 관련된 정책을 둘러싸고 극심하게 드러났다.

이와 같은 교육의 수월성 관련 정책에 대한 지나친 이념적 접근은 실질적으로 수월성을 제고할 수 있는 길은 찾지 못한 채 사회적으로 소모적인 대립에 그치게 되고 결국 가장 피해를 보는 것은 학생들이며, 학생의 수월성 제고가 미흡한 만큼 사회, 국가도 피해를 보게 되는 것이다.

3) 접근법과 실천 역량의 문제

가) '수월성 교육' 용어 사용의 문제

수월성을 실현하기 위한 교육적 활동을 가리켜 '수월성 교육'이란 용어가 사용되고 있다. 2004년 정부의 '창의적 인재양성을 위한 수월성 교육 종합대책'을 비롯하여 학계나 교육계에서도 수월성 교육이란 용어가 사용되고 있는데, 그 정의는 다음과 같다.

> 수월성 교육은 좁은 의미의 우수학생을 대상으로 하는 영재교육이나
> 소수 엘리트 교육에 국한되는 것이 아닌 평준화 틀을 유지하면서 모든
> 학생이 그가 가지고 있는 잠재력과 능력을 극대화하려는 것이며, 다양한
> 수준의 학생 개개인이 자신이 도달할 수 있는 최고의 성취를 이루도록
> 추구하고 지원하는 교육을 의미한다(강영혜, 김미숙, 김미숙, 이혜영,
> 2007). 즉, 수월성 교육은 타고난 재능이 뛰어난 학생은 물론 일반 학생
> 도 자신의 능력을 최대한 발현할 수 있도록 하고 각자의 능력을 극대화
> 할 수 있도록 교육환경을 조성하자는 것이다(김종관, 2005; 박성익,
> 1994; 반상진, 2005).

이 정의에서 의미하는 수월성은 보편적, 다원적 수월성을 지칭하
는 것으로 보이며 연구자들 역시 그 부분에는 동의를 하나, 문제는
'교육의 수월성을 제고'하는 것과 '수월성 교육을 시행'하는 것은 보
는 관점에 따라 해석이 동일하지 않을 수 있다는 것이다. 교육은 기
본적으로 수월성을 추구해야 하고, 교육의 모든 관련 요소들이 수월
성 실현에 연관된다. 즉, 수월성은 유의미한 교육의 기회가 모든 학
생에게 정상적으로 제공될 때 실현될 수 있는 것인바, 이 수월성 교
육이라는 용어는 일반 교육과 다른 수월성을 위한 특별한 교육의 내
용과 방식이 따로 존재한다는 인식을 형성할 수 있다. 수월성은 모
든 교육이 지향해야 하는 절대적 기본 가치이지 그것을 지향하는 특
정한 교육이 존재할 수는 없다. 또한, 이 용어를 어떻게 정의하느냐
와 상관없이, 수월성의 의미와 관점이 혼재하는 상황에서 수월성 교
육이란 용어를 사용하는 것은 오히려 '엘리트주의'에 근거한 선별적
수월성을 지칭하는 것으로 오해될 여지가 있다.

나) '수월성' 실현의 조건: 개인별 맞춤형 교육기회 제공 실현 가능성

지금까지의 논의에 의하면 보편적, 다원적 수월성 개념과 관점에 의하여 모든 학생이 잠재 역량을 최대한으로 발휘할 기회를 주기 위해서는 학생 개인별로 능력과 적성을 파악하고 동기와 관심, 희망 진로와 여건 등을 고려하여 최선의 학습이 이루어질 수 있도록 지원하여야 한다. 즉, 개인별 맞춤형 교육이 시행되어야 한다(김경근, 2006; 반상진, 2005). 이를 위해서는 기존 학교 교육 운영방식의 패러다임 혁명이 이루어져야 한다. 지금의 초·중등학교의 기본 운영방식은 학년과 학급이란 단위를 기반으로 이루어지며 학생은 그 단위의 구성원이다. 대부분의 수업은 학급을 대상으로, 학급을 통해서 이루어진다. 교육과정의 운영계획도 학년, 학급을 대상으로 수립된다. 학생에 대한 평가는 개인을 대상으로 하지만 평가의 실시단위는 역시 학년, 학급이 중심이 된다. 이는 개인별 맞춤형 교육과는 거리가 멀다. 개인별 맞춤형 교육은 과연 가능한가?

다) '수준별 이동수업, 능력별 반편성의 효과성' 문제

우리 교육정책에서는 평준화된 학교에서 택할 수 있는 수월성 관련 대표적 교육방식으로 능력별 반편성, 수준별 이동수업 등을 실시해왔다. 특히 7차 국가교육과정부터는 영어, 수학 등 교과를 중심으로 수준별 이동수업을 기본적으로 적용한 바 있으며, 교육인적자원부(2007)의 수월성 교육대책에도 중요한 방안으로 제시되어 있다. 자신의 학업능력에 적합한 수준의 수업을 듣는 것은 일반적으로 학업의 효율성, 효과성의 차원에서 타당한 방식으로 인식되었기 때문이다.

그러나 능력별 집단 분리교육(tracking, ability grouping)의 효과에 대한 연구결과는 일관되지 않으며(김대석·조호제, 2013), 수준별 이동수업의 효과에 관한 연구들도 일관된 연구결과를 얻지 못하고 있다(백병부, 2010; 김은영·김주후, 2009; 김준엽, 2009; 진경애·송미영, 2009; 박정, 2008; 성열관, 2008). 또한, 이질 집단 반편성이 오히려 교육적으로 장점을 지닌다는 주장도 강력하게 제기되어 왔다(김달효, 2006; 사또 마나부, 2011). 적어도 하위권 학생들이 이질 집단 학급에서 더 높은 성취를 나타낸다는 것은 전 세계적으로 일관된 연구결과를 통하여 입증되고 있다. 결국, 수준별 이동수업 또는 능력별 반편성은 모든 수준의 학생에게 동등하게 수월성을 실현하는 방법이 될 수는 없다는 것이 입증되었다고 할 수 있다.

평준화를 적용하고 있는 핀란드 종합학교 학생들이 높은 수월성을 보이는 것은 종합학교의 이질 집단 학급을 기반으로 효과적인 학습지원이 이루어지기 때문으로 해석된다. 핀란드의 학교는 기본적으로 개별 학생을 위해 운영되며 이것이 실제로 가능하기 위해서는 무엇보다 교사의 전문성이 절대적이라는 인식을 하고 있다. 각양각색의 학생들을 가르치는 것이 어떻게 가능한가? 이를 설명하는 데 있어서 알아야 할 한 가지 중요한 사실은 핀란드 종합학교의 교수법은 다른 시스템에서 사용되는 교수법(특히 능력별 학급 편성)들과는 상당히 다르다는 것이다. 다양한 수준의 학생들을 한꺼번에 가르치기 위해서는 고도의 전문성(특히 교수법에 있어 높은 전문성을 지닌)을 가진 교사들이 요구된다. 종합학교 시스템에서 교사는 학생 개개인을 보살피고 학생들의 다양성을 인정해야 할 의무가 있다. 수준별로 반을 편성하지 않고 한 학급에 여러 수준의 학생들을 섞는(heterogeneous grouping) 반편성은 하위권 학생들에게 큰 도움을 준다. 이는 이미 70~80년대의 보고서들과(이때는 아직 핀란드 종합학교 시스템이 완성되기 이전이었다) PISA 결과에 따라 뒷받침된 바 있다. 반면, 최상층 학생들의 성취도 결과는 어떻게 반편성을 하든 무관하였다(OECD, 2000).

핀란드에서는 능력의 우열, 심신 장애 여부와 같은 특정 잣대로 아동들을 조기에 분리하는 것이 교육적 수월성과 사회 통합성 모두의 저해요인이라고 보고 있다. 오히려 모든 아동의 가능성을 믿고 조기 선별과 분리교육 대신 함께 섞어서 경쟁하도록 함으로써 진짜 우수하고 경쟁력 있는 인재가 확보될 수 있다는 믿음을 제도 속에 실천하고 있다(강영혜, 2007). 보편적, 다원적 수월성을 제고하기 위하여 우리 학교가 택하여야 하는 방식은 과연 무엇이며 우리는 그것을 실행할 역량을 지니고 있는가?

라) '수월성에 미치는 사교육 영향'의 문제

우리 학생들의 수월성은 학교 교육의 성취로 모두 설명될 수 있는가? 예컨대, 우리 학생들의 영어와 수학 실력은 학교 수업만을 통해 성취된 것인가? 이에 대해 '예'라고 답하기 어려운 것이 사실이다. 그만큼 우리 학생들의 수월성 상당 부분은 사교육에 의존하고 있다고 보아야 한다. 우리 학생들의 전체적인 수월성 실현 수준이 높아지게 되므로 긍정적인 면이 없는 것은 아니나, 학교의 교육력 및 존재감 하락, 교사의 효능감 저하, 사교육 구매력의 격차에 따른 수월성 실현 기회의 불평등 확대 등의 심각한 문제가 따르게 된다. 우리가 학교 교육을 통하여 모든 학생의 수월성 실현을 돕는 노력을 기울이고자 한다면 사교육이라는 변수를 다각적으로 고려할 필요가 있다. 그것이 우리 교육이 처한 특수한 현실이기 때문이다.

마) '수월성 교육에 대한 교사 전문성 확보'의 문제

대부분의 학술 문헌들에서 연구자들은 효과적인 수월성 교육의 시행을 위해서 교사의 전문성이 필요하다고 주장한다. 핀란드의 사례에서도 볼 수 있듯이 개인별 맞춤형 교육을 통해 보편적-다원적 수월성을 실현하기 위해서는 교사의 전문적 역량이 절대적으로 필요하다. 우선 교사 자신이 보편적-다원적 수월성에 대한 신념을 지니고 있어야 하며, 수월성 A와 B의 가치와 한계에 대한 정확한 인식이 필요하다. 그다음으로는 학생 개개인의 교육적 요구를 진단 파악할 수 있는 능력과 필요한 학습 과정 설계를 도울 수 있는 능력을 지녀야 한다. 또한, 학생의 학업 수행을 구체적으로 지원하며 적정한 평가를 하고, 피드백할 수 있는 역량을 지녀야 한다.

교사가 이와 같은 전문적 역량을 지니지 못하면 학교 교육을 통한 학생 개개인의 수월성 제고는 보장할 수 없게 된다. 학교가 수월성을 제고하지 못한다면 학생들은 부득이 사교육을 찾게 될 것이며, 이때 기대할 수 있는 수월성이란 '선발'이라는 틀에 갇힌 제한된 수월성으로서 앞에서 논의한, 교육적으로 바람직하다고 생각되는 수월성 B를 기대하기는 더욱 어려워진다.

라. 수월성 실현을 위한 조건

1) 개념과 관점의 차이 극복

보편적-다원적 수월성을 추구하기 위해서는 선별적-일원적 수월성을 조장하는 배경이 되는 힘(force)들을 극복하여야 한다. 그중 하나가 신자유주의적 관점이라고 할 수 있는데, 이를 극복하고 대체할 수 있는 새로운 패러다임이 필요한 시점이라고 할 수 있다. 한 가지 대안은 1990년대 후반에 태동하여 지난 10여 년간 발전되어 온 '교육복지'의 패러다임을 발전시키는 것이다. 오늘날의 교육복지는 과거의 선별적, 잔여적, 시혜적 관점의 복지를 벗어나 보편적, 제도적, 사회 투자적 관점을 추구하고 있다. 교육복지는 모든 국민의 기본권인 학습권 실현의 관점에서 교육소외와 불평등을 극복하고자 하는 새로운 패러다임이며, 공교육의 정상화와 정의로운 교육제도의 수립을 추구한다. 이는 신자유주의에 대응할 수 있는 교육본질에 기초한 패러다임으로서 모든 학습자가 소외되거나 차별받지 않으면서 자신에게 유의미한 교육기회를 통하여 성장 발달해 나가는 것을 지향한다. 이는 보편적-다원적 수월성의 이념과 정확하게 일치한다.

현재와 같이 수월성의 개념이 혼재된 상황에서는 어떤 교육정책이나 교육적 노력도 난관에 부딪히게 되고, 이념적 갈등을 야기할 가능성이 크다. 핀란드가 최고의 교육복지국가로 불리는 이유는 학생 하나하나를 소중하게 여기고 평등성과 함께 수월성을 실현하기 위해 효과적인 노력을 기울이고 있기 때문이다. 무엇보다 이들은 하나의 일관된 교육철학을 공유하고 있다. 우리에게 필요한 것은 결국 문제 인식과 접근법에 대한 사회적 공감대 형성, 그리고 더 나아가 사회적 합의이다.

2) 사회적 선발 기제로서 교육의 선발기준 재정립

우리 교육의 수월성 목표는 현실적으로 대입 수학능력시험의 수준을 넘어서지 못하고 학생들의 수준은 학교와 학원 수업 수준에 갇혀 있다. 수월성의 영역과 기준은 각종 시험에 종속되어 있다. 유명대학이 특정한 선발방법을 도입하면 전국의 학교와 학원이 이 방법을 가르치기 시작하며 학생들은 영락없이 그 틀에 구속된다. 이와 같이 협소하고 제한된(narrowed down) 수월성은 보편적-다원적 수월성의 실현 기반을 잠식한다.

개념적, 실천적으로 왜곡된 수월성이 어떤 폐해를 가져오는가에 대한 학술적 논의에서 더 나아가 사회적 공론화가 필요하다. 이에 대한 사회적 공감대를 기초로 하여 정부, 기업, 교육기관, 사회단체 등 사회적 선발의 주체 기관들은 선발기준에 대한 전면적인 재검토, 재정립과 실행 상의 유기적 협력을 유지하여야 한다.

3) 평준화 틀 속의 수월성을 추구하기 위한 과제

우리 교육정책의 기조인 '평준화 틀 속의 수월성 추구'는 앞으로도 유지될 것으로 보인다. 현시점에서 평준화의 완전 해제는 과열경쟁과 계층의 고착화 등 너무 많은 부작용이 현재보다 더욱 심화할 것으로 예상하기 때문이다. 평준화 속에서 보편적-다원적 수월성을 실현하기 위한 조건은 앞에서 이미 논의된 바와 같이, 동일성이 아닌 동등성과 적합성에 기초한 '형평성' 관점을 통하여 모든 학습자를 대상으로 개인별 맞춤형 교육이 이루어지는 것이라고 보았다. 학교선택권이 제한된 평준화 체제에서 이를 실현하는 방안은 모든 학교를 개인별 맞춤형 교육이 가능한 학교로 만드는 것뿐이다. 핀란드의 학교가 이를 추구하는 것으로 보이는데, 여러 가지 여건이 다른 우리 학교에서도 가능하다고 단언하기는 어렵다. 사회적 선발기준, 교육과정, 교사, 학교 교육 운영방식, 학습지원여건, 사회문화적 환경 등 다양한 요소가 결부되어 있어 학교 단위의 의지와 노력으로 실현할 수 있는 과제의 범위를 넘어서며, 정책적, 행정적 노력이 선행 또는 수반되어야 한다.

가) 다원적-수평적 수월성을 위한 학교 유형 다양화

한 학교가 완전한 개인별 맞춤형 교육을 시행할 가능성을 높이되 부담을 덜기 위해서는 한 학교가 충족시켜야 할 교육적 요구의 다양성의 범위를 축소하는 방안을 병행하는 것이 필요하다. 현재 운영되고 있는 특수목적고, 특성화고는 그 실제 사례라고 할 수 있다. 과학, 예·체능, 산업 분야 교육의 특수성을 그에 특화된 선택형학교를 통해 소화하면 일반고등학교는 이들 특수 분야를 제외한 분야의 학생들을 대상으로 하기 때문에 교육적 요구의 다양성의 범위는 줄어들게 되고 그만큼 학생들의 교육요구에 밀도 있는 대응을 할 수 있으며 성과도 높일 수 있게 될 것이다. 따라서 선택형학교의 정당성은 일반 학교에서는 충분히 제공하기 어려운 교육영역과 그 영역에 적합한 교육방식의 특수성에서 확보되어야 하며, 그 교육기회는 그러한 교육을 통해 자신의 수월성을 효과적으로 실현할 수 있는 학생들에게 공평하게 부여되어야 한다(김인희, 2009). 이는 '보편적-다원적' 수월성을 실현하려는 방안이며, '선별적-일원적'인 수월성과는 거리가 멀다. 이러한 관점에서 볼 때 외국어고나 자사고 등의 선택형학교는 사실상 선별적, 일원적, 수직적 수월성 관점에 편향되어 있으며 그 정당성이 취약하다고 할 수 있다. 오히려 학문영역에 따라 인문사회고, 과학기술고 등 일반고의 수평적 유형화가 바람직할 수 있다.

나) 학교 교육 패러다임 재정립 및 지원체제의 재구조화

학교는 학교의 모든 학생에게 수월성을 추구할 동등한 교육기회를 제공하기 위해 보편적-다원적 수월성 관점의 교육 패러다임을 정립하고, 전반적인 기능 진단을 바탕으로 교육프로그램과 운영시스템을 재구조화하여야 한다. 또한, 새로운 프로그램과 시스템 운영에 필요한 인적, 물적 자원이 양적, 질적으로 확보되어야 한다. 단일학교뿐만 아니라 학교체제 및 교육시스템 전반을 아우르는 기능의 재정립과 다양한 공급 주체 간 연계 협력을 바탕으로 하는 유기적 시스템이 디자인되어야 한다(김인희, 2009). <표 6>에 제시된 미래 학교 예시는 이와 같은 맥락에서 구상된 것이다.

<표 6> 미래 학교 (예시)

기본방침:
1) 모든 학습은 개인 맞춤형으로 이루어진다.
2) 학습의 장소는 학교를 포함하되 학교 공간에 제한되지 않는다.
3) 학습의 방법은 다양한 방식을 활용하며 기본적으로 제한이 없다.
4) 학교는 학습설계, 학습지원, 학습관리를 총괄하는 센터가 된다.

운영방식:
· 학생 개인별로 학습요구와 학습 환경 등을 종합 진단하여 학습 과정을 설계하고 학습지원관리계획을 수립한다.
· 학생별로 설계에 따라 자기 주도적으로 학습을 시행하고 학교는 이를 지원, 모니터, 평가, 관리한다.
· 모든 학생은 1명 이상의 멘토를 가지며, 이는 원칙적으로 교사가 담당한다.
· 학습이 이루어지는 곳을 학습장(學習場)이라 하며, 학교를 포함하여 다양한 학습장을 활용하고 이를 학교가 지정 또는 인정한다.
· 학습결과에 대하여 학교가 이를 평가하여 학점을 부여함으로써 학습을 인정한다.
· 학생의 학습 과정 및 결과를 감안하여 진로 및 진학에 대한 컨설팅을 시행한다.
· 학생의 학습활동 외에 학습조건에 직접, 간접으로 관련되는 사항들에 대하여 지속적으로 전문적인 상담을 시행하고 필요한 지원을 제공한다.

인력구조:
학습설계 및 학습활동을 지도하고 개인별 멘토를 담당하는 교사
학생의 외부 학습장에서의 학습을 연계, 지원, 관리하는 프로그램 관리담당자
학생의 생활 진단 및 학습 외 문제를 상담하는 교육복지사, 전문상담가
학생의 진학 및 진로지도를 담당하는 진로 전문상담가

운영특성:
다양한 전문성을 지닌 그룹들이 다양한 소통 메커니즘을 통하여 한 학생에 대하여 정보를 공유하고 긴밀히 협력하며 학생 진단, 학습지도, 상담, 진로지도, 생활지원 등에 대한 방향을 설정하고 공동보조를 취함으로써 더욱 일관성 있고 통합적이며 효과적인 교육지원을 제공할 수 있으며, 그만큼 교육소외의 여지는 줄어든다고 할 수 있다.

학생들은 고정된 학급 대신 자신과 관심을 같이하는 학생들과 학습활동 및 다양한 동아리, 학생 자치활동 등을 통하여 관계를 맺고 멘토를 포함한 교사, 상담가, 교육복지사, 외부 학습장 직원 등과 원활한 소통을 통해 공동체적, 생산적 관계를 형성해 나간다. 또한, 학교는 외부 학습 프로그램 개발 및 운영 협조와 학생의 생활 진단 및 복합적 지원 활동과 관련하여 지역사회 기관·단체와의 긴밀한 협력을 유지한다.

* 출처: 김인희(2016: 3). 교육소외 해소를 위한 교육복지체제 구축.

다) 교육소외 해소를 위한 교육복지체제 구축

일반 학교가 보편적-다원적 수월성을 실현하기 위해서는 학업부진, 학교 부적응 학생을 위한 효과적인 지원체제를 갖추어야 한다. 이는 학업성취 격차를 줄이는 근본적인 방안이기도 하다. 학업 부진의 원인은 개인적인 장애(disabled), 부적응 등의 어려움(difficult), 환경적인 불리함(disadvantaged)으로부터 올 수 있다. 원인에 따른 적합한 대응을 위해 학교는 지역사회의 다른 관련 주체들과 소통 및 연계 협력이 필요하다. 왜냐하면, 학업부진 및 부적응의 원인과 이를 극복하는 데 필요한 자원이 학교 안에만 있는 것이 아니기 때문이다. 우리 학교는 학생 교육에 큰 노력을 기울여 왔으나 그 과정에서 발생하는 교육소외현상에 대하여는 체계적 대응이 미흡하였다. 교육소외를 극복할 수 있는 실질적인 시스템과 역량을 갖추지 못한 채 교육의 형평성과 수월성을 논하는 것은 공허하다. 교육소외를 극복하는 것을 '교육복지'라고 정의한다면, 학교는 교육복지의 중심이 되어야 한다(김인희, 2009).

마. 결론

Fishkin(2014)은 저서 '병목사회'에서 사회에는 자격 병목, 발달 병목, 도구재 병목이 존재하며, 이들은 서로 연계되어 있고 사회적 선발 과정의 다양한 영역과 단계 속에서 복잡하게 상호작용하며 작동하고 있다고 설명하고 있다. 자격 병목은 출신이나 학벌 등과 같이 지위에 의해 선발이 제한되는 것이며, 발달 병목은 그러한 선발을 통과하는 데 필요한 자격을 갖추는 과정에서 작용하는 발달기회의 차별과 제한을 의미한다. 도구재 병목은 그러한 자격을 얻고 발달기회를 얻는 것이 소위 '돈'과 같은 도구에 의해 제한되는 것을 말한다.

이러한 선발 과정에서 적용되는 소위 공정한 기준은 '수월성'이다. 사회에서 적용되는 실제의 수월성 개념은 곧 그 사회의 병목현상의 수준을 대변한다고 볼 수 있다. 우리가 적용하는 수월성 개념이 수직적, 일원적, 상대적, 선별적일수록 기회구조는 제한되고 병목현상은 심화한다. 병목현상이 심하다는 것은 그 통로를 지나 자신이 원하는 가치를 획득하는 사람의 수가 적다는 것을 말하며 그만큼 대다수 사람은 불행할 수밖에 없는 구조임을 의미한다. 아동·청소년을 비롯하여 우리 국민의 행복도가 국제비교에서 현저하게 낮게 나타나는 것은 우리 사회의 병목현상이 심각하다는 것을 나타내는 지표일 수 있으며, 그만큼 실질적인 기회의 불평등이 존재한다고 보아야 한다.

본 연구에서 살펴본 바와 같이 우리 교육의 수월성 가치는 여러 가지 도전에 직면해 있다. Fishkin(2014)은 병목사회를 완화하기 위해서는 기회구조가 다원화되어야 한다고 주장하면서, 이러한 기회 다원주의의 첫째 조건으로 "사람들은 가치, 즉 어떤 종류의 삶과 행복 형태를 소중히 여기는지, 어떤 구체적인 가치와 역할을 추구하는지에 관해 다양한 관념이 있으며 불일치를 드러낸다."라고 설명한다. 이는 본 연구에서 살펴본 보편적, 다원적, 수평적, 절대적, 내재적 수월성의 개념과 맥을 같이한다. 결국, 모든 사람이 나름대로 수월성을 발휘할 수 있는 사회와 그러한 사회를 지지, 촉진하는 교육체제를 만드는 것이 모든 사람이 자신의 역량을 발휘하며 성장하고, 원하는 가치를 추구하며 행복한 삶을 누리는 진정한 평등사회를 실현하는 길이 되는 것이다.

이러한 교육을 위한 학교의 모습을 생각건대, Sergiovanni 외 (2004)는 좋은 학교는 학업 성취도가 높은 학교가 아니라, 부가가치학교(value-added school), 즉 학생들의 능력과 장점에 대한 가치를 최대한으로 부가시키는 학교를 말한다고 보며(반상진, 2005: 69 재인용), Peterson과 Lezzotte(1991)는 생산적이고 효과적인 학교는 다양한 계층의 학생들에게 질 높은 교육프로그램을 효율적으로 제공해 줌으로써 궁극적으로 높은 학업성취의 결과를 공평하게 이뤄낸 학교라고 정의하고 있다(박영숙, 2010 재인용). 결국, 효과적인 학교는 교육의 공평성과 수월성이 동시에 달성된 학교라고 보는 것이다 (Rossmiller & Holcomb, 1992; 반상진, 2005).

학교의 효과성, 즉 학교의 개혁, 혁신, 변화에 관한 그동안의 수많은 연구와 담론의 방향을 제시한 핵심 가치는 결국 교육의 수월성과 평등성이라 할 수 있다. 모든 학생이 수월성을 제고할 수 있는, 즉 자신의 잠재 역량을 최대한으로 발휘하여 최대한의 성장 발전을 이룰 기회를 평등하게 제공하는 학교, 곧 보편적-다원적 수월성을 실현하는 학교가 우리가 추구하는 목표가 되어야 한다. 학교가 이와 같은 방향으로 나아갈 수 있도록 노력하고 필요한 제반 여건의 수준을 높이는 것, 즉 '제도적 수월성'은 우리 교육정책과 행정의 핵심 가치이자 원리가 되어야 할 것이다. 이상과 같은 맥락을 견지하면서 제6장에서는 학교가 어떻게 이러한 방향으로 변화할 수 있는지를 탐색할 것이다.

제6장 학교변화의 속성

　제1부에서 제기한 교육소외와 형식주의의 문제를 학교가 극복하기 위해서, 제5장에서 살펴본 교육복지적 교육을 실현하는 학교를 만들기 위해서는 학교 교육 운영의 기본적인 인식과 실천의 변화, 시스템 운영 및 조직문화의 개선 등이 요구된다. 이 장에서는 학교가 이러한 변화를 성공적으로 이루려면 어떤 요소들이 관련되고 또 어떤 조건들이 충족되어야 하는가에 대하여 살펴보고자 한다.

　학교는 변화하기 어렵다는 이야기들이 있다. 앨빈 토플러는 기업의 변화속도가 시속 50km라면 학교의 변화속도는 시속 5km 정도라고 비유하였다. 시장주의자들은 학교는 기본적으로 선택과 경쟁이 부족하고 관료적 지배를 받고 있어 비능률적이고 변화하기 어려운 구조 속에 놓여 있다고 주장한다. 한편, 학교는 이완된 체제(loosely coupled system)로서 외부적인 힘을 통해서는 이를 통제하기 어려우며 그만큼 의도적인 변화가 어렵다고 보는 견해도 있다. 학교의 외관이나 하드웨어는 바뀌었어도 교육의 방식과 같은 소프트웨어는 과거와 별반 다르지 않다는 이야기도 흔하게 들을 수 있다. 어떤 이유로든 "학교는 기본적으로 보수적이며 쉽게 변하지 않는 곳"이라는 인식이 널리 퍼져있는 것 같다.

　하지만, 학교가 변화된 사례는 국내외를 막론하고 수없이 많다. 2006년에 학교혁신 매뉴얼 작성 작업을 하느라 학교가 변화된 사례들을 수집하기 위해 학교현장을 돌아다닌 일이 있다. 이후 10여 년간 현장 방문을 통해 어떻게 학교가 변할 수 있었는지를 파악하였다. 그 결과 얻은 확신은 학교가 변하는 것이 쉬운 일은 아니지만 그렇다고 해서 학교가 변하는 것이 불가능한 일은 아니라는 것이다. 사례마다 변화의 환경과 여건, 동인(動因), 과정(過程) 등에는 차이가 있지만, 분명히 변화의 실제 증거들은 존재했다. 한 도(道)에서 가장 기피되던 고등학교가 10년 후 가장 성적이 우수한 새로운 명문 학교로 변화한 사례도 있었으며, 무기력하고 침체하였던 시골의 고등학교가 희망과 열정을 가진 교사와 학생들의 활력으로 가득 찬 학교로 거듭난 사례도 있었다. 학교는 변할 수 있다. 그렇다면 학교가 변할 수 있는 조건은 무엇일까?

1. 학교변화의 요건

다음에 제시하는 학교변화의 요건은 다양한 국내외 사례에서 주로 발견되는 공통되는 요소들을 추출하여 정리한 것이다(김인희 외, 2013). 하나의 학교변화 사례가 이들 모두를 반영하기는 쉽지 않을 것이나 대부분 이와 같은 방향을 추구하고 있다고 보아도 무방할 것이며, 이들 요소는 대부분 서로 상충하지 않고 합치되어 시너지 효과를 발휘한다고 생각된다. 이들을 관통하는 핵심원리는 '인간의 성장 잠재력을 어떻게 최대로 발휘토록 할 수 있는가'라고 본다. 여기에 제시된 요소들은 이에 긍정적으로 기여하는 기본적인 요인들이라 할 수 있으며, 반대로 이들 요인이 제대로 갖추어지지 않고 작동하지 않으면 학교구성원의 역량을 결집하는 데 장애가 발생하고 실천에 왜곡이 이루어지며, 설령 일시적으로 변화가 이루어진 듯해도 지속하기는 어렵다는 것을 의미한다.

- 학교변화에 대한 철학과 비전 공유
- 문제 인식 공유, 공감대 형성
- 교사의 자발성, 자율성, 주인의식 최우선
- 학생의 관점에서 접근(심층적 이해, 눈높이, 인권·학습권 존중, 자발성, 참여 중시)
- 학생복지의 관점(전인적, 건강한 성장과 삶의 차원)
- 학생, 교사의 주체적 참여와 협력을 중시하는 교육 활동, 수업 혁신, 프로그램 도입 : 다양한 체험학습, 협동학습, 모둠학습, 프로젝트 학습, 팀티칭 등
- 학생 개개인의 특성을 배려한 학습 기회 제공 및 지원
- 교장의 효과적인 변화 리더 역할(변화단계, 구성원 수준에 맞는 리더십 유형) : 교장과 교사 간 혁신에 대한 비전과 철학을 공유, 권한위임(empowerment)
- 민주적 의사소통과 협동
- 학교구성원 간 소통과 협력을 통한 신뢰 관계 구축(특히 교사-학생 관계 강화)
- 교사 간 동료성에 기초한 학습공동체 구축 및 전문역량 개발을 위한 학습 촉진
- 효율적 업무환경 구축을 위한 행정업무체제 개선(수업 집중 환경 구축)

- 본질에 접근하려는 노력. 본질과 거리가 먼 일의 해소. 형식주의 척결
- 인간 중심, 교육적, 생산적인 학교문화 형성
- 소외된 학생 없이 모두가 성장, 발전하는 학교를 만들기 위해 교육복지 관점 반영: 학교 교육 운영에 있어 교육기회의 공정성, 형평성 중시. 차별(discrimination)은 지양하고 차별화(individualization)는 지향
- 학부모, 지역사회와의 생산적, 협력적 관계 구축
- 외부 전문가, 교사모임, 시민단체 등과의 교류, 전문적 자문 활용

2. 조직변화의 조건과 과정

학교조직의 변화에는 변화가 일어나기 위한 기본적인 조건과 정상적인 변화가 이루어지는 단계적인 과정이 있다고 상정할 수 있다.

가. 변화의 조건: **변화에너지 = 열 × 시간**

  * 열: 조직의 심리적 온도
  * 시간: 변화를 위한 학습의 시간

우리가 쌀로 밥을 짓는 단순한 변화의 경우에도 물이 끓고 뜸을 들이는 데 열과 시간이라는 기본 조건이 필요하듯이, 학교구성원의 사고, 행동, 태도, 신념의 변화를 목표로 하는 학교변화가 이루어지기 위해서도 열과 시간이 필요하다. 일정한 수준의 열이 일정 시간

동안 지속함으로써 변화에 필요한 에너지가 생성된다. 학교의 변화에서 '열'이라 함은 조직의 '심리적 온도'를 의미한다고 할 수 있다. 이는 학교구성원들이 학교변화에 대하여 품고 있는 열정을 말하며 이들이 경험하는 학교변화가 본질 충실, 집중, 의미부여, 소속감, 긍지, 성취감, 자기효능감, 자발성, 협동, 참여, 주인의식 등의 요소로 채워질 때 높게 유지될 수 있다.

한편, 학교변화에 있어서 '시간'이라 함은 학교구성원이 변화 과정에서 경험하는 학습의 시간을 의미한다. 이는 곧 실천을 통한 경험의 시간이며 문제 해결을 위한 도전, 시행착오의 시간이다. 변화를 위한 새로운 실천이 이루어지고 그 실천이 새로운 결과를 가져오고 그러한 변화가 앞으로 지속하기 위해서는 필연적으로 학습의 과정이 요구되며, 학습은 학교구성원의 사고, 행동, 태도, 신념의 변화를 가져오는 일련의 과정(process)으로서 상당한 시간이 소요될 수밖에 없다.[29] 만일 학교구성원의 열정이 부족하고 변화 실천에 필요한 충분한 학습이 이루어지지 않으면 진정한 변화에 필요한 변화에너지가 생성되지 못하며, 이때 변화가 일어났다고 이야기한다면 그것은 가장(假裝)되거나 왜곡된 변화 또는 외부 압력에 의한 일시적인 변화에 불과할 것이다.

---

29) 이정동(2017)은 저서 '축적의 길'에서 혁신이 일어나려면 개념설계에 이어 스케일업 과정이 이루어져야 하는데 이는 산업 현장에서도 아이디어를 현실화시키기 위해서는 상당 기간의 시행착오를 거치게 됨을 의미한다. 이는 곧 실천을 통한 학습의 과정과 같은 의미라고 할 수 있으며 시간 소요의 불가피성을 시사하는 것이다.

나. 변화의 확산 조건: 변화 과제의 속성(Rogers, 1995)

- 상대적 이익, 일치성, 복잡성, 시도 가능성, 관찰 가능성
: 변화에 대한 저항을 어떻게 최소화할 것인가?

Rogers(1995)는 혁신이 전파되어 확산하기 위해서는 혁신과제 자체가 특정한 속성을 지니는 것이 유리함을 지적하고 있는데, 상대적 이익, 일치성, 복잡성, 시도 가능성, 관찰 가능성이 그것이다. 상대적 이익(relative advantage)은 혁신과제 수용으로부터 기대되는 이익에서 예상비용을 제한 것이다. 사람들은 자신의 처지에서 비용과 이익을 계산하여 혁신과제에 대한 태도를 결정하게 되는데, 이익이 비용보다 많을수록 긍정적이 될 것이다. 물론 사람들이 무엇을 이익과 비용으로 보는가에 따라 그 반응은 다르게 된다. 일치성(compatibility)은 사람들의 가치관, 인식, 이해관계 등이 혁신과제와 얼마나 양립가능한가를 의미한다. 혁신과제가 사람들의 철학, 입장, 이해관계 등과 일치될수록 쉽게 수용될 수 있다. 반대로 상충하는 경우에는 수용이 어려울 수밖에 없을 것이다.

복잡성(complexity)은 과제의 내용이 복잡할수록 과제를 이해하기가 어렵고 이를 실천하는 것도 어려울 수밖에 없다는 것을 말하며, 이 역시 과제 수용에 영향을 미치게 된다. 시도 가능성(trialability)과 관찰 가능성(observability)은 혁신과제를 추진하는 경우 그 성과를 얼마나 빠르고 쉽게 검증할 수 있는가에 관한 것이다. 많은 사람이 새로운 변화 시도를 주저하는 이유는 그 결과를 예측하기 어려운 데서 오는 불안감에 기인하는 바가 크므로, 변화의 결과를 미리 예측

하고 확인할 수 있다면 그 불안감과 저항을 감소시킬 수 있기 때문이다. 시도 가능성은 그러한 검증을 위한 사전 실험의 가능성을 말하며, 관찰 가능성은 변화의 결과를 빨리 관찰할 수 있는가에 관한 것이다.

이와 같은 변화 과제의 속성을 얼마나 충족시킬 수 있는가에 따라 변화의 수용이 좌우될 수 있으며, 변화의 수용이 쉬울수록 변화는 빠르고 넓게 확산할 수 있을 것이다.

다. 변화의 과정과 단계

Rogers(1995)는 혁신이 이루어지는 과정을 '지식-설득-결정-실천-확인' 5단계로 나누어 설명하고 있는데, 이는 변화의 과정이 충실하게 단계적으로 이루어지는 것이 정상적인 변화가 일어나는 데 필요함을 의미하며, 각 단계가 불충실하거나 단계의 순서가 뒤바뀌면 제대로 된 변화가 이루어지기 어려움을 의미한다고 할 수 있다.

<표 7> 조직변화의 과정 유형(KAP 모형)

유형	지식(knowledge)	태도(attitude)	실천(practice)	결과/대응
가	충분	긍정적	실행	정상적 수용
나	충분	긍정적	미실행	cue-to-action
다	충분	부정적	실행	타협, 형식적 수용
라	충분	부정적	미실행	변화거부
마	불충분	긍정적	실행	과잉수용(overadoption)
바	불충분	긍정적	미실행	과잉수용 가능성
사	불충분	부정적	실행	왜곡된 변화수용
아	불충분	부정적	미실행	변화에 대한 무지/무관심

* 출처: 김인희(2008)

김인희(2008)는 Rogers의 5단계를 3단계로 축약하여 조직변화가 일어나는 과정 유형을 구분하여 제시하고 있다(표 7). 여기서 태도 단계는 사람들이 변화 과제에 대한 태도를 형성하는 단계를 말한다. 실천단계는 Rogers의 결정과 실천단계를 합친 것이다. 여기서 8가지의 변화 과정 유형을 상정할 수 있으며 그중에 정상적인 경우는 (가)유형뿐으로, 정상적인 변화가 일어나는 것이 쉽지 않음을 시사한다. 즉, 충분한 지식을 바탕으로 긍정적인 태도를 형성하고 이를 바탕으로 실천에 임하는 정상적 변화의 진행이 현실적으로는 많은 장애에 부딪힐 수 있으며, 이를 극복하는 것이 곧 성공적인 변화의 요건임을 알 수 있다.

변화 과제에 대한 지식이 충분하고 태도도 긍정적이며 이를 실천하는 경우는 정상적으로 변화를 수용한 가장 이상적인 경우('가' 유형)이나, 그렇지 않은 경우가 더 많이 발생할 수 있다. 지식이 충분하고 태도도 긍정적이나 행동으로 옮기지 못하는 경우('나' 유형)도 있을 수 있다. (다)의 경우에는 마지못해 변화 과제를 실천하는 경우로서 내재적 동기에 의한 것이 아니라 상황적 압력에 의한 것이다. 이 경우에는 현실적으로 적정선에서 타협하여 최선의 노력을 다하지 않을 가능성이 있으며 형식적인 실천이 이루어질 여지가 있다. (라)의 경우는 변화에 대한 전형적인 거부 행태로서 이는 충분한 지식에 따라 자신의 주체적인 판단으로 변화를 거부한 것이다.

(마)의 경우는 사실에 대한 정확한 지식 없이 판단이 이루어지고 변화를 받아들이는 것으로 과잉수용의 여지가 높다. (바)는 아직 행동이 이루어지지는 않았지만, 과잉수용의 가능성이 잠재하고 있으며, (사)는 정확한 지식이나 내재적 동기도 없이 어쩔 수 없이 행동을 하고 있는 것으로 제대로 된 실천이 될 수 없고 그 내용 자체가

변질 왜곡될 가능성이 크게 된다. (아)는 아예 변화 과제에 관한 관심도 없고 받아들일 마음의 태세도 되어 있지 않은 무지/무관심의 상태이다(김인희, 2008).

이상에서 볼 때 중요한 것은 태도가 긍정적이라고 해서 언제나 제대로 된 변화가 이루어지는 것은 아니며 그것이 충분한 지식에 기초하여야 함을 알 수 있다. Rogers(1995)는 지식에는 적어도 3가지 유형의 지식이 있다고 말한다. 즉 사실적(factual) 지식과 방법적(how-to) 지식, 원리적(principle) 지식이다. 예를 들면, 학교에 자유학기제라는 변화 과제가 제시되었다고 할 때, 자유학기제라는 것이 어떤 내용으로 구성되어 있고 어떤 일을 해야 하는가 등에 대해 아는 것은 사실적 지식이라 할 수 있다. 방법적 지식은 아는 것뿐만 아니라 그 과제들을 스스로 실천하는 능력 또는 역량에 관한 것이다. 원리적 지식은 왜 자유학기제를 해야 하는가에 대한 기본 철학, 관점, 원리 등을 이해하여 이를 실천에 적용할 수 있어야 하는 것이다.

원리적 지식이 충분하다면 방법적인 면에서 다양한 응용을 위한 수정 변경이 가능하게 된다. 왜냐하면, 학습이 이루어지는 장면의 실제 조건들은 다양하므로 그 상황 조건에 맞는 학습설계와 적용의 신축적 조정이 이루어져야 할 것이다. 자유학기제의 본래 취지를 다양한 학습조건에서 실현하려면 자유학기제에 대한 원리적 지식을 바탕으로 방법적인 차원에서는 다양성이 추구되어야 한다. 자동차의 구동 원리를 모르는 사람이 자동차를 정비할 수 없듯이 원리적 지식이 없다면 방법적인 변화를 시도할 수 없을 것이다. 이와 같이 하나의 변화 과제에 대하여 세 가지 수준 또는 유형의 지식이 존재하며 온전한 과제수행을 위해서는 실제로 이 모두가 충분해야 한다고 할 수 있다.

Evans(1996)는 변화가 실행되는 과정에서 단계적으로 이루어져야 하는 과제를 제시하였는데, 이는 주로 변화 과정에서 나타나는 장애 요인을 극복하기 위하여 요구되는 과제로서 그 단계는 ① 해동(unfreezing), ② 의미부여(from loss to commitment), ③ 역량 개발(from old competence to new competence), ④ 일관성(from confusion to coherence), ⑤ 공감과 합의(from conflict to consensus) 등이다.

첫째, 해동은 변화의 필요성을 알고 느껴 변화하지 않으면 안 되는 문제 상황을 인식하는 단계이다. 사람과 조직이 일반적으로 지니는 현상유지의 속성을 넘어 기존 방식의 문제점에 도전하는 문제 제기가 중요한 요소라고 보고 있다.

둘째, 의미부여의 단계는 변화란 지금까지 익숙해진 기존의 방식을 버리고 새로운 방식을 받아들이는 것으로서 기존의 것을 버리는 데에서 오는 상실의 크기를 보상하고 남을만큼 새로운 것의 의미가 충분해야 한다는 것이다.

셋째, 역량 개발은 새로운 방식의 실천을 위해서는 새로운 역량이 필요함을 의미한다. 즉 변화란 새로운 실천을 통해서만 일어날 수 있기 때문이다. Evans(1996)는 그동안의 많은 연구결과를 바탕으로 교사들의 역량 개발을 위한 연수는 일관성이 있고, 개인적이며, 연속성을 지녀야 함을 강조하고 있다.

넷째, 일관성은 변화가 이루어지는 과정의 여러 요소가 서로 상충, 배치되지 않고 조화롭게 정렬되어야 함을 의미한다.

다섯째, 변화 초기의 조직구성원 간의 의견 차이와 이해관계 갈등 등은 또한 변화의 중대한 장애 요인이며 이를 극복하고 구성원이 변화의 필요성과 실천에 대한 전반적 공감대를 형성하고 합의를 이루는 것은 변화 성공을 위해 필수적인 요소이다.

Hall & Hord(2006)는 Fuller(1969; 1970)가 제시한 교사교육에서의 관심 단계(stages of concern) 모델을 학교변화가 이루어지는 과정에서 적용할 수 있음을 주장하면서, 구성원의 관심 단계 수준에 적합한 개입(intervention)이 이루어져야 하며, 관심 단계가 변화, 성숙해 가는 흐름(flow of concerns)에 따른 변화실행 접근이 이루어져야 함을 강조하고 있다.

<표 8> 변화에 관한 관심 단계

관심 단계			변화에 관한 관심 표현
영향(impact)	6	재초점(refocusing)	더 좋은 생각이 있어
	5	협동(collaboration)	같이 일하면 어떨까?
	4	결과(consequence)	어떤 성과를 가져올까?
과제(task)	3	관리(management)	어떻게 일을 처리해야 할까?
자아(self)	2	개인(personal)	나에게 어떤 영향을 미칠까?
	1	정보(informational)	좀 더 알고 싶어
무관심(unrelated)	0	의식(awareness)	나하고는 관계없어

* 출처: Hall & Hord(2006: 139)

또한, 이를 위해서는 구성원의 관심 단계의 측정이 정확하게 이루어져야 함을 지적하고 있다. <표 8>은 변화에 관한 관심 단계의 내용을 소개한 것이다. 무관심 단계는 변화 과제와 자신과의 관련성을 알지 못하여 변화 과제 자체에 관한 관심이 적고 내용도 잘 모르는 상태를 말한다. 자아 단계는 정보(informational) 단계와 개인(personal) 단계로 나뉘는데, 정보단계는 변화 과제에 대하여 지식을 쌓고 이해를 넓혀가는 단계이나 아직 큰 의미부여가 이루어지지는 않는다. 개인 단계는 변화 과제를 수용했을 때 자신에게 미칠 영향을 구체적으로 따져보는 단계이다. 자신에게 부과될 비용과 손실, 자신이 얻을 수 있는 이익과 혜택 등을 비교하게 된다.

과제(task) 단계는 이 과제를 받아들여 변화를 실천하는 초기 단계로서 과업수행을 위한 업무처리가 지상과제가 되는 단계이며 방법적 지식이 절실한 단계라고 할 수 있다. 영향(impact) 단계 중 결과(consequence) 단계는 자신의 과제 수행이 타인(고객)에게 어떤 영향을 미치는지 그 결과에 대하여 의식을 하게 되는 단계로서 더욱 나은 결과를 얻기 위한 노력을 하게 되며, 협동(collaboration) 단계는 자신이 하는 일을 더욱 잘 하기 위해서 동료와 소통, 협조하며 경험을 교환하고 평가 인정을 받고 싶은 단계이다. 재초점(refocusing)의 단계는 지금 하는 일을 상당 수준으로 마스터하여 그 위에 새로운 아이디어를 내어 더 나은 실천 대안을 가져올 수 있는 재창조 또는 재발명(reinvention)의 단계라고 할 수 있다.

라. 의미부여

앞의 변화에 대한 이론적 논의를 통해 변화 과제에 대한 태도 형성, 즉 의미부여가 정상적인 변화를 위한 핵심적인 조건임을 알 수 있다. 또한, 제1부에서 교육소외를 비롯한 소외의 문제와 조직 내 형식주의의 문제는 근본적으로 의미의 상실에서 비롯된다는 것을 살펴보았다. 즉, **의미를 상실한 인간의 모습이 곧 소외의 모습인 것이며 조직 내의 소외된 인간이 나타내는 반응이 형식주의**라고 할 수 있다.

그렇다면 사람들이 의미를 상실하지 않고 자신의 현실, 삶, 과업, 세상과의 관계에 의미를 부여할 수 있도록 하는 것이 우리의 해결책이 될 수밖에 없다. 나는 '의미부여'가 우리 교육의 가장 큰 약점인 동시에 우리 교육이 살아날 수 있는 핵심 키워드라고 생각한다. 그런데 아쉽게도 의미부여를 집중적으로 조명하는 사회적 논의도 없고, 이를 체계적으로 가르치는 교과, 강좌도 찾기 힘들다. 이 절에서는 '의미부여'에 대해 살펴보고자 한다.

영성지수(靈性指數, spiritual intelligence, SQ)라는 것이 있다. 문헌에 의하면, SQ는 인간을 인간답게 하는 근본지능으로 IQ나 EQ와 구별되는 인간의 궁극적 지능이라고 한다. IQ가 논리적인 문제들을 해결하는 능력을 말하고 EQ는 상황에 맞게 적절히 행동하는 능력을 의미하는 반면, SQ는 인간의 존재, 삶, 행복 등에 대한 근원적인 가치를 추구하는 능력이며 인간의 모든 지능을 통합하는 근본지능이라고 한다. 나는 물론 자신의 현실에 대한 의미부여 능력을 가리키는 SQ가 무척 중요하다고 생각하며, 자신이 놓인 현실에 대한 만족도가 다른 나라에 비해 낮은 것으로 나타나는 우리나라 사람들에게 특히 요구되는 능력이라고 생각된다.[30] 그러나, 의미부여의 실패를 개인 능력의 문제로만 보는 것은 우리가 당면한 소외 문제의 해결책이 될 수 없다. 앞에서 살펴보았듯이 소외현상을 야기하는 구조적, 환경적인 문제들이 먼저 극복되어야 한다.

의미부여는 영어로는 meaning-making 또는 meaning construction 이라고 하는 것 같다. '무엇에 대하여 의미를 부여하다'는 make

---

30) 내가 방문했던 논산의 대건고등학교는 학생들에게 영성 지능을 향상하는 교육프로그램을 운영하고 있었다. 이는 매우 깊은 교육적 성찰에 의한 교육실천이라고 생각한다.

meaning of 또는 make sense of 정도로 표현하는 것 같다. 우리는 어떤 것에 의미를 부여하게 될까? 의미를 부여한다는 것은 어떤 인지작용을 의미하는 것인가? 의미부여는 적어도 두 가지 차원에서 접근되어야 한다. 첫째는 논리적인 차원이다. 우선 의미부여가 가능하려면 그것이 논리적으로 타당하여 수용할 수 있어야 한다. 영어로 make sense 해야 한다. 그 반대는 make no sense 즉, non-sense이다. 말도 안 되는 것에 의미부여를 할 수는 없다.

두 번째는 정서적인 차원이다. 논리적으로 타당하지만, 정서적으로 거부반응을 보이는 경우가 있을 수 있다. 내가 평소에 믿지 않고 싫어하는 사람이 설령 바른말을 한다고 해도 나는 그 말에 대해 신뢰하지 않고 받아들이지 않을 수 있다. 즉, 감정의 문제가 개입될 수 있다. 의미부여가 이루어지려면 그 대상에 대한 긍정적인 정서가 형성되어야 한다. 이를 영어로 attachment(애착)라고 부를 수 있다. 결국, 의미부여의 조건은 '논리적 타당성'과 '애착'이라고 할 수 있다. 의미부여가 이루어지려면 이 두 가지 요소가 동시에 갖추어져야 한다.

이와 같은 요소가 갖추어지기 위한 조건으로 나는 의미부여 대상(object)의 3C가 필요하다고 보는데 이는 consistency(일치성), continuity(연속성), connection(연계성)이다. 이러한 3C를 총칭하여 coherence(일관성)라고 할 수 있다. 예를 들어 우리가 실행하여야 할 새로운 과업이 주어졌다고 할 때 우리는 이에 대해 어떤 의미를 부여해야 하는 상황에 놓이게 된다. 이 과업을 제대로 수행하기 위해서는 긍정적인 의미의 부여가 이루어져야 하고 그렇지 못한 경우에는 과업의 수행이 제대로 이루어지기 어렵게 되며, 이미 살펴보았듯이 이에 형식주의적으로 반응할 가능성이 커진다. 새로운 과업이

나의 철학, 신념 등과 일치되는가, 그동안 내가 해온 일과 연속성이 있고 상충하지 않는가, 내가 해오던 일과 연관성을 찾을 수 있는가 등은 과업에 대한 의미를 부여할 수 있는 중요한 조건이다. 만일 내가 추구하는 가치와 일치되지 않고 상충하며, 내가 그동안 해오던 일을 중단해야 하고 아무런 연관성도 찾을 수 없다면 그러한 일에 가치와 의미를 부여하여 긍정적 정서를 형성하기는 매우 어려울 것이다.

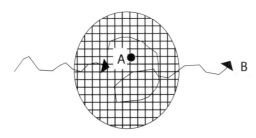

[그림 9] 인지모형 속 의미부여 과정

의미부여가 이루어지는 인지적인 과정을 이미지로 표현해 보면 (그림 9), 우리가 지닌 인지모형 속으로 수많은 자극(과업을 포함)들이 투입되고 우리는 이를 지각(perceive)하게 되며, 지각된 자극들은 우리가 선행경험을 통해 형성한 인식구조(grid, 網으로 표현됨) 속에서 이를 구성하는 의미체계에 의해 이리저리 평가되며 선행경험, 의미체계, 가치체계 등과의 일치성, 연속성, 연계성 등을 따지게 된다. 이러한 평가를 거치면 새로운 자극이 놓여야 할 자리(A), 즉 좌표가 정해지며 그 중요성에 따라 지위(status)도 결정된다. 이는 기존 인식체계에 새로운 요소를 더하면서 인식구조의 일부가 된다. 이러한 작용이 곧 의미부여라고 할 수 있다.

반면에 어떤 자극은 위와 같은 평가를 거친 결과 기존의 인식체계에 잘 들어맞지 않고 상충하며, 아무런 연계성을 찾을 수가 없어 그 자리를 정하기가 어려운 경우가 생길 수 있다. 이 경우에는 기존의 인식체계 속에 자리를 찾기 어렵게 되며 결국 수용되지 못하고 그냥 밖으로 내보내게 된다(B). 의미부여가 이루어지지 못한 것이다.

이와 같은 인지작용의 관점에서 의미부여를 바라보는 것은 결국 '의미'라는 것은 외부로부터 주어지는 것이 아니라 이를 인식하는 주체의 적극적인 해석에 따라 결정된다는 것을 말한다. 이는 특히 구성주의적(constructivist) 관점과 궤를 같이한다고 할 수 있다. 구성주의에 의하면 우리가 인식하는 현실은 객관적으로 주어진 현실이 아니라 주관적 현실이며 우리가 세상과 상호작용하는 과정에서 스스로 형성한(constructed) 것이다. 결국, 의미부여도 개인의 경험을 통해 주관적으로 형성되는 사회적 구성물(social construct)이다. 이와 같은 이유로 의미부여를 meaning construction이라고 표현하기도 한다. 이상에서 알 수 있는 것은 사람들이 갖는 경험의 내용과 질(quality) 그리고 그들이 지니는 인식구조가 의미부여에 영향을 미치는 가장 중요한 요인이라는 점이다.

의미부여와 동기부여의 관계는 어떠한가? 교육행정학과 장학론 분야의 책을 보면 동기이론이 대부분 빠지지 않고 소개되어 있다. Maslow, Herzberg, Alderfer 등등. 동기부여(motivation)는 교육행정과 학교경영에서 매우 중요한 내용임이 틀림없다. 반면에 이들 책에서 의미부여에 관한 내용을 찾아보기는 어렵다. 그렇다면 의미부여는 동기부여와는 어떤 관계가 있는 것인가? 의미가 있다는 것은 가치가 있다는 말과 동일하고, 가치가 있다는 말은 어떤 효용을 지닌다, 또는 쓸모가 있다는 말로 바꿀 수 있다. 효용이 있고 없고의 평가 기준은 아마도 사람이 지닌 동기에 근거하게 될 것이다. 한 사물이 사람에게 효용을 지니는 것으로 인식되는 것은 그 사람이 지닌 동기에 부합되기 때문일 것이다. 다시 말하면 의미부여는 그 사람이 지닌 동기에 따라 이루어지게 되는 것이다. 앞에서 의미부여에 영향을 미치는 요인 중 하나를 그 사람이 가지는 인식구조라 하였는데 인식구조의 모습은 그 사람이 지닌 동기에 의해 절대적으로 영향을 받는다고 할 수 있다.

예컨대 Maslow의 욕구 단계 중 안전 욕구가 강한 사람은 급격한 변화를 요구하는 혁신과제를 수행하는 일에 불안을 느끼게 될 것이고 이 과업에 의미를 부여하기 어려울 것이나, 인정의 욕구가 강한 사람은 이 과업수행을 통해 조직으로부터 인정을 받을 좋은 기회라고 생각하여 긍정적으로 받아들이고 의미를 부여할 수도 있을 것이다. 한편, 경제적, 물질적인 욕구가 강한 사람은 이 과업수행에 대하여 얼마나 경제적 보상이나 혜택이 주어지는가에 따라 의미를 부여하게 될 것이다. 결국, 의미부여는 동기에 근거하는 것임을 알 수 있다.

동기이론 중 기대이론에 의하면 동기부여는 개인이 갖는 기대(expectancy)에 따라 결정된다고 한다. 기대는 성과기대와 보상기대로 구분된다. 성과기대는 내가 그 일을 했을 때 과연 의도한 목표를 성취할 수 있는가에 대한 것이다. 보상기대는 그 일을 성취한 경우에 그 대가로 내가 원하는 것을 얻을 수 있는가에 대한 것이다. 어떤 일에 대한 동기부여는 이 두 가지 종류의 기대가 모두 충족될 수 있다고 생각될 때 가능하다는 것이다.

의미부여가 동기이론으로 설명된다면 의미부여를 따로 고찰하여야 하는 이유는 무엇인가? 그 이유를 찾자면, 동기는 개인이 상당히 안정적, 고정적으로 보유하는 정태적(靜態的, static) 특성으로 인식되는 반면, 의미부여는 개인이 특정한 상황 속에서 사회적 상호작용 과정을 통해 어떤 특정한 인식을 형성하는 동태적(動態的, dynamic) 행위라고 할 수 있다. 그러한 인식 형성 과정에서 그가 지닌 동기가 중요한 요소로 작용하기는 하지만 동기이론은 의미부여가 이루어지는 사회적 경험의 과정 자체를 설명하지는 못한다. 왜, 어떤 의미부여가 이루어지는가를 이해하기 위해서는 그 사람이 지닌 동기뿐만 아니라 그 사람이 어떤 인식구조를 지니며 어떤 상황 속에서 어떤 경험을 거치고 있는가를 들여다보아야 한다.

의미부여에 대한 이해가 교육정책담당자, 교육행정가, 학교관리자, 교사들에게 특히 중요한 이유는 이분들이 바로 '학교현장에서 학생들이 경험하는 현실'을 구축하는 데 결정적인 영향을 미치고 이에 대한 책임을 맡고 있기 때문이다. 학생들이 의미 있는 학교생활을 보내기 위해서는 그들이 학교에서 갖는 경험이 그들의 동기와 욕구에 바탕을 둔 인식구조 속에서 긍정적으로 해석되어야 하는데, 그러한 경험을 제공해야 하는 책임은 위에 언급한 분들이 1차적으로 맡고 있다. 이러한 책임을 수행하는 데 있어서 가장 선결 조건은

'의미부여'라는 인간의 행위와 중요성을 정확하게 이해하는 일이다. 생각건대, 어떤 사람의 동기나 욕구를 변화시키는 것보다는 그가 경험하는 현실을 변화시키는 것이 상대적으로 쉬울 것이다.

마. 변화의 동력[31]

변화 과정에 영향을 미치는 동력 요인에 대하여 여기서는 Rogers(1995)의 혁신이론에 근거한 변화 과정(지식-태도-실행), 변화과제, 변화참여자 요인 외에 이들의 상호작용에 영향을 미친다고 생각되는 변화환경, 리더십, 변화성과 요인을 추가하여 학교변화과정의 분석모형을 제시하였다(그림 10).

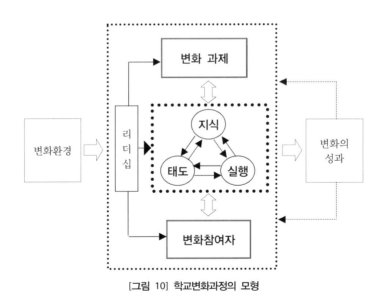

[그림 10] 학교변화과정의 모형

---

31) 김인희・이혜진(2014). "학교변화의 과정에 작용하는 동력에 관한 연구" 중 일부 발췌 수정.

이 모형에서 변화 과제는 변화의 수용과 확산에 영향을 미치는 과제 자체의 속성으로서, 상대적 이익, 일치성, 복잡성, 시도 가능성, 관찰 가능성 등이 해당한다. 변화참여자는 변화를 받아들이고 실천하는 학교구성원을 말하며, 학교변화와 관련된 이들의 특성으로 변화성향,32) 실천 역량(전문성) 등이 해당한다고 할 수 있다.

리더십은 학교관리자의 리더십을 의미하며 변화 과제의 선택, 변화참여자의 구성, 변화가 이루어지는 상호작용 과정 전반에 영향을 미친다. 변화의 성과는 목표달성도, 개인 성장, 조직 발전 등으로 표현될 수 있으며, 변화환경은 조직이 당면하고 있는 변화가 요구되는 내·외적 상황 및 맥락, 현실 여건 등을 의미한다.

변화참여자는 변화 과제를 만나면서 이에 대한 지식과 태도가 형성되며 이를 기초로 실행(또는 거부)에 이르게 되는데, 이와 같은 과정에는 조직이 놓여 있는 변화환경과 리더십이 지대한 영향을 미치게 된다. 이에 앞서 변화환경과 리더십은 이미 변화 과제의 생성부터 영향을 미칠 수도 있으며, 경우에 따라 변화참여자에게도 사전에

---

32) 참여자의 변화성향과 관련하여 Rogers는 변화를 받아들이는 속도에 따라 사람을 5개의 집단, 즉 innovator, early adopter, early majority, late majority, laggard로 분류하고 있다. innovator는 가장 빨리 변화를 받아들이는 자로서 그들 스스로 변화를 추구하는 변화의 선도자들이다. early adopter는 스스로 변화를 창조하는 자는 아니나 상당히 빠른 시기에 변화를 수용하고 시도해보는 risk-taker이다. early majority는 early adopter에 비하면 매우 신중한 성향을 지니며 위험을 감수하기를 꺼리지만, 변화 자체에 대하여 부정적이지는 않다. 변화의 필요성을 인정하지만 먼저 나서지는 않는 편이다. 따라서 이들은 innovator나 early adopter가 변화를 수용하고 시도하는 것을 관찰하고 불확실성이 어느 정도 줄어들었을 때에서야 움직이게 된다. late majority는 변화를 원하지 않는 보수적인 성향을 지닌다. 다만 다른 사람들이 변화를 수용하여 대세가 움직이게 되면 그때 가서 마지못해 움직이는 사람들이다. laggard는 나름의 소신과 이유를 가지고 변화를 거부하는 사람들이다. 미국 펜실베이니아의 아미시(Amish)와 같은 집단을 예로 들 수 있을 것이다. 인구 전체를 100%로 보면 통상 innovator는 2.5%, early adopter는 13.5%, early majority와 late majority는 각각 34%, laggard는 16% 정도로 보고 있다. 즉 이들의 분포는 통계적 정상분포 곡선을 따른다고 할 수 있다.

영향을 미칠 수 있다.

Rogers(1995)에 의하면 가장 기본적인 변화의 과정은 지식이 먼저 형성되고 그에 따라 태도가 결정되며 그다음에 실천이 이루어지는 것이나, 실제로는 지식이 태도에 영향을 미치는 것만 아니라 태도가 지식의 습득을 제한하거나 촉진할 수도 있고, 태도에 따라 실행이 결정되는 것만이 아니라 실행 여부가 먼저 결정되고 이후에 태도가 형성되는 경우도 있을 수 있다. 또한, 지식은 실행에 영향을 미치지만, 실행하는 과정에서 지식이 새로 형성, 수정되기도 한다. 즉, 지식, 태도, 실행 3자의 관계는 한 방향, 순차적, 고정적 관계가 아니라 상호교차적이고 복합적이며 역동적인 상호작용 관계를 지닌다고 할 수 있다.

이 모형에서 변화참여자 요인은 변화에 앞장서는 '주도집단'과 변화를 위해 구성원의 역량을 결합하는 '협력문화'로 구체화할 수도 있을 것이다. Hargreaves(1994)는 교사들의 자발적 협력 관계(collegiality)가 학교혁신의 핵심적인 요소임을 강조하고 있다. 이와 같이 여섯 가지의 학교변화 동력을 제시할 수 있으며 그 수준에 따라 학교별로 그 유형을 구분하여 볼 수도 있을 것이다. 필자가 직접 연구한 두 고등학교를 유형화하면 [그림 11]과 같은 모습이 나타난다.

실선으로 표시된 H고등학교는 변화의 초기에 놓여 있는 학교로서 학교가 당면한 내·외부로부터의 상황적 변화 요구가 높고 초빙 교장에 의한 상당히 강력한 지도력이 바탕이 되고 있는 반면에, 아직 구성원이 자발적으로 변화를 추진해 나가는 협력적 문화는 미흡한 상태이다. 또한, 변화 과제도 아직 구성원에게 깊게 의미부여가 이루어지지 못한 실정이며 변화 노력의 성과도 아직 본격적으로 나타나지는 못하고 있다.

한편, 점선으로 표시된 D고등학교는 수년간 변화가 추진되어 온 경우로서 외부로부터의 변화 요구가 H고만큼 강한 것은 아니나 상당히 높은 변화 지도력이 작용하고 있으며 무엇보다 구성원 스스로 자발적으로 변화를 일구어 나가는 협력문화가 상당 수준으로 형성되어 있다. 변화 과제에 대한 의미부여가 상당히 이루어지고 있고 변화 노력의 성과도 어느 정도 나타나고 있다고 할 수 있다.

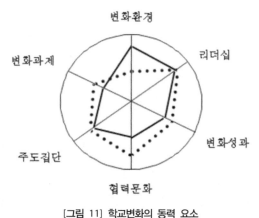

[그림 11] 학교변화의 동력 요소

이상과 같이 이들 여섯 가지 요소들은 상호작용하면서 한 학교의 변화를 추동(推動)하고 있으며 이들의 수준과 상호 결합 양상에 따라 변화의 수준과 양태도 다양하게 나타나게 될 것이며, 변화의 성과와 지속가능성을 높이기 위해서는 이들 요소 상호 간의 관계를 조율하면서 전략적으로 접근할 필요가 있을 것이다.

제7장 변화를 지향하는 학교문화

　교육적으로 의미를 지니는 진정한 학교의 변화는 학교문화를 그대로 두고 이루어지기 어렵다. 학교가 변화한다는 것은 학교에서 이루어지는 교육 활동을 비롯한 주요 영역에 대한 구성원의 사고, 행동, 태도, 신념에 변화가 일어남을 의미하며 이는 곧 학교의 조직문화가 변화하는 것을 의미하는 것이다. 이 장에서는 학교의 문화가 변화한다는 것의 의미와 교육소외 극복을 위한 학교문화 변화의 방향 및 내용을 살펴보고자 한다.

1. 조직문화로서의 학교문화

　학교문화란 학교라는 조직의 구성원이 공유하는 조직문화로서 조직 내의 삶 속에서 구성원들이 적용하는 사고방식, 행동 양식, 생활 양식의 총체를 말한다. 조직문화의 기능은 구성원들의 사고와 행동의 지침을 제공하고 일상 속에 당면하는 여러 문제를 해결하는 데 필요한 해법을 제시해 주는 것이다. 이러한 문화는 구성원들의 직접, 간접 경험을 통해 후천적으로 학습되는 것으로서 현재의 모습으로 형성되기까지는 경험과 학습에 필요한 상당한 시간이 소요되었을 것이다. 조직의 새 멤버는 기존의 조직문화를 빨리 학습하고 습득함으로써 자신에게 주어진 과제를 해결하고 그러한 적응과정을 통해 조직의 구성원으로 인정을 받게 된다. 이러한 인정을 통해 그는 조직의 실질적인 구성원으로서 지위를 부여받고 정체성을 확보하게 되는 것이다.

이와 같이 문화는 한 집단이 공유하는 생활양식으로서 이는 가치관, 사고방식, 행동 양식 등을 포함한다. 방식(方式), 양식(樣式) 등의 용어로부터 시사되는 문화의 속성은 규칙성(regularity)으로서 이는 유형화된(patterned) 방식을 의미한다. 즉, 일정한 조건이 되면 항상 규칙적으로 나타나는 생각, 태도, 행동, 정서 등의 반응을 의미하며 이와 같이 유형화된 반응은 그동안 동일한 조건에서 반복적으로 문제를 해결하는 데 효과적으로 작용하였기 때문에 채택된 것이라고 할 수 있다. 결국, 한 집단이 어떤 문화를 지니고 있다는 것은 여러 가지 방식 중에 현재의 것을 선택한 결과이며, 그것은 그들이 놓인 현실 조건에서 가장 유용한 해법으로 검증되었기 때문이다.

그런 만큼 문화는 쉽게 형성되기 어려울 뿐만 아니라 일단 형성되면 바뀌기도 어렵다. 자신들의 현실적인 상황 조건이 바뀌지 않는 한 현재 유용하게 작동하는 문화를 바꾸는 것은 기대하기 어려우며 이를 바란다면 문화를 잘못 이해하고 있는 것이다. 문화가 기본적으로 보수성을 지닌다는 주장은 문화의 이러한 속성을 지칭하는 것이다. 삶의 환경적 조건이 바뀌어 기존의 문화가 현실의 문제를 더 이상 해결해 주지 못할 때 비로소 새로운 해법으로서의 새로운 문화의 필요성이 나타나게 되고 문화가 바뀐다는 것은 이를 전제로 가능한 것이다.

문화는 또한 눈에 보이지 않고(invisible) 당해낼 수 없다(invincible)

는 말이 있다. 눈에 보이지 않는다는 것은 문화는 우리의 일상 속에 자동으로 작동하면서 우리의 사고와 행동을 지배하고 있기 때문에 너무 익숙하여 일상 속에서 보통 이를 의식하지 못한다는 것이다. 마치 컴퓨터를 켜면 기본적으로 작동하는 운영체제(operating system)처럼 문화는 다른 프로그램들이 작동하는 기본 틀로 작용하지만, 그 자신은 사용자에게 잘 의식되지 않는 존재이다. 그러나 컴퓨터에서 프로그램들이 작동하려면 운영체제와 기본적으로 같은 방식을 택하여야 하듯이 일상 속의 구체적인 생활 프로그램들도 기본적으로 문화와 배치되지 않아야 한다. 문화가 이와 같이 우리의 일상을 지배하고 영향력을 발휘하는 만큼 우리는 문화를 거부하거나 저항하기 어렵다. 기존의 문화와 상충하는 어떤 정책이나 프로그램을 시행하고자 한다면 이는 상당한 어려움을 겪게 될 것이고 사람들에 의해 수용되기도 어려울 것이다. 결국, 문화는 너무나도 강력한(invincible) 존재로서 이와 맞서 싸운다는 것은 현실적으로 어려운 일이라고 할 것이다.

교육적으로 의미를 지니는 진정한 학교의 변화는 학교문화를 그대로 두고 이루어지기 어렵다. 학교가 변화한다는 것은 학교에서 이루어지는 교육 활동을 비롯한 중심적인 사고와 행동, 태도에 어떤 변화가 일어남을 의미하며 이는 학교문화의 변화를 의미하는 것이기 때문이다. 바꾸어 말하면, 문화가 바뀌기 어려운 만큼 학교도 변화하기가 쉽지 않음을 의미한다. 외양이나 가시적인 또는 일시적인 변화는 비교적 쉬운 일이지만 생각, 행동, 태도 더 나아가 신념의 변화를 요구하는 질적 변화는 쉬운 일이 아니다. 기존의 문화가 더 이상 효용이 없어 새로운 문화의 필요성이 제기될 때 문화의 변화가 가능하다고 하였는바, 학교문화가 바뀌고 학교의 변화를 촉진하는 동력으로 작용하기 위해서는 기존의 학교문화가 지닌 문제점과 한계를 학교구성원 스스로 인식하는 것이 출발점이 된다고 할 수 있다.

2. 학교구성원의 인지모형: 문화모형

문화를 이해하는 시각과 관점은 다양한데, 특히 인지인류학(cognitive anthropology)에서는 문화를 '문화모형(cultural model)'을 통해 인식하며 이는 사람들이 공유하는 '마음의 모습' 또는 '생각의 틀'이라고 본다. 사람들은 사물을 지각하고, 해석하고, 판단하는 인지적 작용이 일어나는 어떤 구조 즉, 인지구조(cognitive structure)를 지닌다고 본다. 어떤 학자들은 이를 인지모형(mental model)이라고 지칭하여 사용한다.[33] 사람들은 특정한 인지모형을 통하여 객관적인 대상을 인식하고 그에 관한 해석을 하고 판단을 내리며 그에 따라 어떤 반응을 하게 된다. 이러한 인지모형은 사실에 관한 지식, 신념(가정), 태도, 가치, 선호, 정서들로 구성된 복합적 총체이다. 다시 말하면, 그것은 세상이 돌아가는 이치에 대하여 우리가 내면 깊이 가지고 있는 내적 이미지로서 우리의 사고와 행동 양식을 형성 또는 제약하게 된다(Senge, 1994).

교사들의 자기 현실에 대한 의미부여는 그들이 가진 인지모형을 통하여 이루어지는 것이다. 교사들은 그들의 일과 직장에 대하여 어

---

33) Senge(1994)는 mental model이라는 용어를, Gardener(2007)는 mental representation, Argyris (1982)는 theories in use라는 표현을 사용하고 있는데 이들의 의미하는 바는 유사하다고 볼 수 있다.

띤 공통된 인지모형, 즉 문화모형(cultural model)을 공유하고 있다. 그것은 그들이 교사로서 갖는 공통의 경험과 학교라는 조직이 가지는 특수한 조건의 영향을 받아 형성된 것이다. 그들이 갖는 경험은 그들이 놓여 있는 상황(context)과 떼어 놓고 생각할 수 없다. 교사들이 놓여 있는 제도적, 사회적, 조직적, 물리적, 심리적 환경은 교사들이 경험하는 현실의 중요한 부분이 된다. 사람들이 형성하는 인지모형은 결국 그들이 놓여 있는 상황을 반영하는 것이다. 따라서, 다른 사람의 인지모형을 이해하기 위해서는 그 사람이 놓여 있는 상황적 맥락을 먼저 이해할 필요가 있다(김인희, 2008).

학교의 교사들이 자신들이 놓여 있는 학교의 현실에 대하여 어떠한 문화모형을 형성하고 있는지는 학교에서 어떤 변화가 어떻게 추진될 수 있는지를 좌우하는 가장 핵심적인 요소가 된다. 학교변화의 성공 요인은 결국 교사들이 학교변화에 대한 철학, 비전, 문제의식과 실천 전략 및 방법을 공유하고, 변화의 과정에서 실천 경험을 통해 상호작용하면서 긍정적이고 지속 가능한 문화모형 - 학교변화에 대한 기본인식 - 을 형성, 유지, 발전시켜 나가는가에 달려있다고 할 수 있다.

3. 변화하는 학교의 문화적 속성

가. 변화를 지향하는 소통-협력문화

문제의식과 비전 공유를 바탕으로 변화를 추구하며, 변화를 설계 및 실행하는 과정에서 서로 소통, 협력하는 행동 양식을 구축하는 것은 지속 가능한 학교변화의 핵심 조건이다.

문화는 기본적으로 보수성을 띤다고 하였으나, 그렇다고 해서 문화가 불변인 것은 아니며 문화 자체가 조직의 자기혁신을 통해 지속적인 발전을 추구하는 변화지향의 문화를 구축하는 것이 불가능한 일도 아니다. 이미 성공적인 많은 사회조직이 자기혁신의 문화를 통해 지속적인 발전을 실현하고 있음을 알 수 있다.

김인희·이혜진(2014)은 학교혁신의 과정에 영향을 미치는 동력에 관한 사례연구에서 D고등학교의 경우 초빙 교장의 주도하에 학교변화가 시작되고 추진되었으나 4년간의 변화 과정에서 구성원들 간에 스스로 변화를 제안하고 논의하고 협력적으로 실천하는 소통과 협력의 문화가 형성되고 있음을 보고하고 있다. 또한, 이러한 변화지향의 소통과 협력문화는 교장이 임기가 되어 바뀐 뒤에도 D고등학교의 학교변화가 지속할 수 있을 것으로 예상하는 가장 유력한 조건으로 보고 있다.

나. '소외 극복'의 생산적 문화

소외를 극복하는 생산적 학교문화란 "학교구성원 모두가 소외됨 없이 자신의 가치를 인식하고 잠재능력을 최대로 발휘하는 가운데 성장할 수 있도록 격려·지원되는 문화"를 의미하며 이는 곧,

- 학교운영 전반에 자율성, 개방성, 다양성, 유연성이 충만하여
- 개인의 인권, 인격, 개성이 중시되며 자유롭고 창의적인 사고가 수용되고

- 서로를 존중, 신뢰하고 배려하는 가운데 의사소통이 활발하게 이루어지며
- 협동적으로 과업을 수행하는 가운데 높은 동료의식, 소속감, 긍지를 느끼고
- 서로에게 높은 기대를 하고 격려 인정하여 성취동기를 높이며
- 낭비적이고 형식적인 요소를 해소하고 의미 있는 일에 열정과 헌신을 다하여 구성원 모두가 잠재능력을 최대로 발휘할 수 있는 학교문화를 의미한다.

우리 학교가 지닌 문제 중의 하나는 학교 교육에서 나타나는 '소외' 현상에 제대로 대처하지 못한다는 점이다. 때로는 학교가 교육 소외 현상을 상당 부분 생산 또는 증폭시키는 경우가 있을지도 모른다. 소외란 "유의미한 상호작용이 결여" 된 상태라고 정의하였다. 즉, 소외의 요소로 1) 무의미성, 2) 상호작용의 부재를 들 수 있다. 무의미성은 그 대상이 자신의 주관적인 의미체계 속에 연결고리를 갖지 못하거나 연결된다고 해도 실질적으로 도움을 주지 못할 때 나타난다. 즉 어떤 대상이 자신에게 유의미하기 위해서는 적어도 연계성(connectedness)과 유용성(usefulness)의 두 조건을 갖추어야 한다. 한편, 어떤 대상이 유의미하다고 인식되어도 그것과 자신이 상호작용할 수 있는 창구가 닫혀있다면 그는 그 대상으로부터 역시 소외되어 있는 것이다.

상호작용의 부재는 일방적인 권력 관계에서 흔히 나타난다. 무력함(powerlessness)은 소외의 또 하나의 중요한 요소인데, 이는 자신에게 유의미한 대상을 스스로 선택할 기회를 제한하고 자신이 도전하

기 힘든 권력과의 일방적인 관계로 인한 상호작용의 왜곡을 가져온다. 상호작용이 있다고 해도 그것이 무의미한 내용에 대한 것이라면 그러한 상호작용 자체가 무의미해질 수 있다. 자신에게 중요한 문제에 관한 결정 권한이 없음으로써 결국 유의미한 상호작용의 기회를 얻기 힘들게 되면서 소외현상이 나타난다.

학교는 교육내용과 교육방법, 학교문화, 업무환경 등 여러 장면에서 '소외'라는 위험에 직면해 있다. 교육장면에서의 소외의 존재는 학생의 학습에 중대한 영향을 미치게 된다. 소외된 학습 그 자체가 학습의 실패를 가져오기도 하지만 더욱 심각한 것은 그와 같이 지속하는 소외현상 속에서 학습자는 주체적인 학습자로서의 역할을 수행하기 어렵게 되며 그와 같은 상황은 인간의 수동성과 종속성, 또는 고립성과 배타성을 배태시킨다. 결국, 소외는 소외를 재생산하게 된다. 소외된 교사는 학생의 소외를 부르는 교육을 시행할 가능성이 크다. 인간의 태도는 학습되는 것이다. 소외도 학습되는 것이며 그것은 표면적 교육과정이 아니라 소외를 키우는 우리 학교의 잠재적 교육과정을 통해서 이루어지는 것이다.

학교 교육의 혁신을 위해서 반드시 실현해야 할 과제는 이러한 소외현상을 우리 학교에서 해소하는 것이다. 소외 자체가 교육에 해가 될 뿐만 아니라 비교육적, 비도덕적이기 때문이다. 소외된 학습자, 소외된 교육자는 자신의 능력을 최대한으로 발휘할 수 없다. 우리 학교가 지닌 가장 본질적이고 심각한 문제는 구성원들이 자신의 역량을 최대한으로 발휘할 수 있도록 하는 제도와 문화가 제대로 구축되지 못하고 있다는 점이다. 개인을 소외시키는 문화는 개인뿐만 아니라 조직의 활력을 떨어뜨리고 결국 저조한 성취를 가져오게 된다.

<표 9> 소외 극복 문화와 소외 생산 문화

소외 극복 문화	소외 생산 문화
- 성장 주체로서의 인간	- 통제대상으로서의 인간
- 인권 중시	- 인권 경시
- 공정	- 차별, 불공정
- 관심과 배려	- 무관심, 제한된 관심
- 다양성에 대한 포용과 관용	- 이질성에 대한 배타, 따돌림
- 높은 기대	- 낮은 기대
- 격려와 인정	- 멸시, 낙인(labelling)
- 열린 사고	- 고정관념, 편견
- 지식, 이해	- 무지, 몰이해
- 신뢰에 기초한 권위	- 일방적 권위, 복종 강요
- 권한위임(empowerment)	- 권위주의적 또는 방임형 리더십
- 동기부여, 성취감, 긍지	- 좌절, 패배감, 냉소주의
- 의미부여 중시	- 의미부여 소홀
- 능동적 과업수행	- 수동적 과업수행

* 출처: 교육인적자원부(2006)

학교구성원들은 개개인의 가치가 존중되고 잠재능력을 최대한 개발할 수 있도록 격려하고 동기를 부여하는 학교풍토를 형성하기 위한 노력을 지속하여야 한다. 학교는 인간의 정신과 마음, 태도와 행동이 전달되고 학습되어 확산하는 곳이다. 가르치는 자의 훌륭한 생각과 태도, 행동은 학생들에 의해 관찰되고 전이되며 학습된다. 애석하게 그 반대도 마찬가지이다. 교장, 교사들의 마음이 닫혀있고 경직되어 있다면 그러한 학교에서는 진정한 교육이 이루어지기 힘들다. 교장, 교사의 열려있는 생각과 마음은 학생들의 긍정적인 자아개념 형성에 큰 도움을 줄 수 있을 것이다. 특히, 가정의 여건이 취약한 학생의 경우 이러한 학교의 도움은 결정적으로 중요할 것이다.

학교혁신은 학교의 자율성과 책무성을 높이고 운영체제를 개선하며 교장의 리더십과 교수 방법을 개선하는 등 여러 가지 실천 과제가 있겠으나, 이러한 과제의 달성이 곧 학교 교육의 효과성을 보장하는 것은 아니다. 학교 교육의 혁신은 학교에서 진행되고 있는 학습의 실체에 관련된 보다 본질적인 문제까지 바라보아야 하며 이러한 문제가 학교혁신 노력의 구심체(a penetrating idea)가 되어야 한다. 우리 학교가 겪고 있는 문제의 핵심들은 지금까지 논의한 소외현상과 깊이 연관되어 있다. 교육정책과정 및 교육행정에서의 교사들의 소외, 경직된 학교문화로 인한 학생들의 소외는 교사의 사기 저하, 학생의 학교 부적응 문제의 주된 원인이 되어왔다. OECD/PISA 연구결과에서 보듯이 우리나라 학생들이 학업성적은 높으면서도 학교에 대한 소속감과 만족감이 낮은 것, 높은 자질의 우리 교사들이 자기효능감이 낮은 것은 학교문화의 취약성과 깊이 연관되어 있다고 본다. 이 문제에 집중하여 지혜를 모으지 않으면 학교 교육 문제의 핵심은 크게 개선되지 않을 것이다.

4. 변화지향 학교문화의 형성: 패러다임과 리더십

앞에서 학교변화가 일어나기 위한 조건과 그러한 학교변화를 가능케 하는 학교문화의 내용을 살펴보았다. 그렇다면 과연 이러한 학교의 문화는 어떻게 형성할 수 있는가? 학교의 문화는 불변은 아니나 하루아침에 쉽게 생성되지는 않으며, 문제 상황에 당면하여 새로운 사고와 행동방식이 요구되고 있는 구성원들이 문제 해결을 위한 실천 경험을 공유하는 가운데 서서히 형성된다고 보아야 한다. 즉, 변화가 요구되는 절실한 상황에서 집단적인 실천적 학습을 통해 새롭게 형성될 수 있다. 요컨대, 변화지향의 학교문화가 형성되기 위해서는 학교구성원들이 학교변화를 함께 실천하고 그 성공과 실패를 함께 경험해야 한다는 것이다.

이와 같은 일이 이루어지기 위해서는 그것을 가능케 하고 촉진하는 철학, 관점 등이 먼저 요구된다고 할 수 있다. 또한, 학교구성원들이 함께 변화를 설계, 준비하여 실천해 나가고 성공적인 변화를 이루어내기 위해서는 이를 유도하고 지원하는 리더십의 필요성이 절대적이다. 이 절에서는 학교변화를 가능케 하는 패러다임과 학교 리더십의 조건과 실천 과제를 살펴본다.

가. 패러다임 − 접근법·관점

앞에서 살펴본 학교변화의 조건, 변화지향의 학교문화에 있어서 가장 핵심적인 내용은 어떻게 하면 모든 조직구성원이 지닌 잠재 역량을 최대로 발휘하게 할 것인가에 관련된다고 본다. 학교변화를 저해하는 요소들은 거의 모두가 구성원들이 자신의 역량을 발휘하는 것을 방해하는 요소들이라고 할 수 있으며, 그중 대표적인 방해요소가 소외와 형식주의라고 할 수 있다. 또한, 조직구성원의 변화 노력의 성과를 극대화하기 위한 전략의 채택과 실천을 가능케 하는 사고방식이 있을 수 있다. 여기서 말하는 패러다임이란 이와 같은 인간 역량의 발휘와 성과의 극대화를 가능케 하는 조직 행동(organizational behavior)이 자연스럽게 나타나도록 하고 뒷받침해 주는 사고의 관점이라고 할 수 있다. 다음은 이러한 패러다임을 구성하는 중요한 요소라고 생각되는 사고들이며 이들은 함께 적용될 때 시너지 효과를 낼 수 있다고 본다.

1) 구성주의: 경험, 상호작용, 학습을 통한 변화. 창조적 변화 주체로서의 인간

구성주의(constructivism)에서는 현실(reality)을 인간이 주관적으로 인식하는 것으로 본다. 즉 사회적 현실(social reality) 또는 진실(truth)은 객관적으로 존재하는 것이 아니라 그 현실을 인식하는 사람들의 사회적 상호작용 속에서 구성된(constructed) 주관적 현실(subjective reality)이다. 서로 다른 복수의 인식 주체가 존재하므로 서로 다른 복수의 현실(multiple realities)이 존재함을 받아들인다. 이는 곧 세상의 중심이 세상을 인식하는 주체로서의 인간임을 의미하는 것이며, 보편적, 절대적 진리보다는 진리의 맥락성과 상대성을 인정한다. 구성주의는 본질적으로 인간 중심적인 사고라고 할 수 있다.

사회적 현실로서의 학교변화는 학교구성원이 주체가 되어 상호작용하며 만들어내는 특별한 사회적 구성물이며, 그 가치는 학교구성원들이 스스로 부여하는 의미에 의해 결정된다. 따라서, 성공적인 학교변화의 요체는 학교구성원들이 어떤 사회적 과정을 거쳐 어떤 변화를 실제로 경험하는가에 달려있다고 할 수 있으며, 학교마다 구성원과 여건이 다르므로 그 변화의 모습은 창조적이며 다양하고 특수할 수밖에 없다.

2) 공동체주의: 목적, 가치, 규범 공유, 신뢰와 연대, 소통과 협력, 실천 성장 경험 공유

공동체주의는 구성원들이 목적과 가치를 공유하고, 법적 규정보다는 집단규범을 중시하며, 신뢰와 연대, 소통과 협력을 통해 문제를 해결하면서 실천과 성장의 경험을 공유하는 행동방식을 지닌다.34) 학교변화에 관한 많은 문헌은 학교의 의미 있는 개혁과 발전이 개인주의나 관료적 기획보다는 구성원의 자발적인 협동적 노력을 통해 이루어지는 것이 대부분임을 보여주고 있다.

3) 생태주의: 환경과의 상생, 부분이 아닌 전체, 개체가 아닌 관계, 네트워크, 파트너십, 자기조직, 신축성, 다양성, 공동발전

학교라는 하나의 사회체제(social system)가 유지, 발전하기 위해서는 그를 둘러싸고 있는 환경(environment)과의 관계가 중요함은 두말할 필요가 없으며, 환경이 지속 가능한 발전을 하여야 체제도 함께 발전할 수 있다. 체제를 먹여 살리는(feeding) 환경의 자원이 고갈되고 피폐해지면 그 안에 존재하는 체제들도 위태로워진다. 이 때문에 환경 속의 체제들은 환경을 보전하기 위해 적자생존, 제로섬 경쟁을 탈피하여 상호 협력하고 절제하며 공존, 공영, 상생의 접근법을 취하지 않으면 안 된다. 이러한 관점에서 볼 때 학교는 지역사회를 비롯한 다른 사회적 주체들과 생산적인 협력 관계를 통해 도움을 주고받는 일이 중요하게 된다. 조직이 환경의 변화에 능동적으로 대응하여 자기조직(self-organization)을 통하여 내부역량을 강화하고 생산성을 높여 양질의 산출을 내보냄으로써 체제의 정당성(legitimacy)을 지켜가는 능력을 조직 건강(organizational health)이라 하는데, 이는 생태론적인 관점에서 학교조직을 바라볼 때 매우 중요한 학교변화의 지표이자 과제가 된다.

---

34) 공동체주의에 대한 자세한 설명은 제8장 교육복지공동체 관련 부분을 참고

4) 지식조직과 포스트모던 경영: 구성원의 주체적 역량 개발, 지식 원천의 다원화, 대외협력

학교는 교사들이 지닌 교육적 역량이 학교조직의 성과를 결정적으로 좌우하는 대표적인 지식조직이다. 지식조직의 역량 개발은 지식 보유와 활용의 주체인 교사들 자신의 노력에 의해서만 가능하다. 스스로 역량 개발을 위해 학습과 실천을 공유하는 실천공동체(community of practice)의 멤버로서 자신의 능력을 키워나가야 하며, 학교는 이러한 실천공동체가 효과적으로 운영되고 활성화될 수 있는 여건을 조성해야 한다.

학교는 또한 학교 교육에 도움을 줄 수 있는 아이디어, 정보와 지식, 역량, 자원을 지닌 학교 밖의 다양한 주체들과 협력 관계를 통해 도움을 얻을 수 있어야 한다. 학교 안의 제한된 역량과 자원만으로 교육에 필요한 모든 요건을 갖추었다고 보기 어렵고, 학교는 대외적인 교류 협력을 통해 더 많은 양질의 학습 기회를 학생들에게 제공할 수 있어야 한다. 포스트모던 경영이란 점차 다원화되고 다양해지는 소비자의 욕구를 충족시키기 위해서 소비자를 포함한 다양한 주체의 다양한 아이디어와 자원이 생산에 투입되는 것을 지향하는바, 교육소비자의 요구가 점차 다양해지는 상황에서 학교 교육에도 앞으로 이러한 접근이 필요하며 앞으로 그 요구는 더욱 증대할 것이다.

나. 변화지향 리더십

학교변화를 위한 조직의 핵심 기능으로서 학교 내에 어떤 리더십이 작동되어야 하는가? 변화지향의 리더십이란 지금까지 논의한 교육복지적 교육, 학교변화의 조건, 변화지향 학교문화의 형성을 촉진, 지원하며 앞에 제시된 패러다임을 바탕으로 작용하는 리더십을 말한다.

○ 리더십의 두 관점: 관리지향과 변화지향

학교관리자의 역할은 적어도 두 가지로 나눌 수 있다. 하나는 관리자(manager)로서의 역할이며 이는 학교변화와 상관없이 모든 학교의 학교관리자가 제도나 규정에 따라 기본적으로 수행하여야 할 역할이다. 이러한 일을 수행하는 데에 필요한 리더십을 관리지향의 리더십이라 부르고자 한다. 관리지향의 리더십에서는 일반적으로 질서와 안정, 감독과 통제, 능률과 합리성, 외재적 보상과 제재 등이 중시되는데 이는 앞에서도 논의된 바와 같이 학교구성원의 질적 - 사고, 태도, 행동, 신념의 - 인 변화를 위한 조건으로서는 매우 부족한 것이며, 그것은 변화보다는 현재의 상태를 유지하는 관리업무와 정형화된 업무를 담당하는 데 적절한 요소들이라고 할 수 있다. 관리자가 구성원들이 일하도록 하는(get people to work) 자라면 리더는 구성원들이 어떤 일을 하기 원하도록 하는(get people to want to work) 자라 할 수 있을 것이다(김인희, 2008).

관리 지향	변화 지향
질서, 안정, 규정 절차, 형식, 통제 인간의 수단화 능률, 투입 중시 보상/제재 **현상유지, 정형화된 일에 효과적**	학습, 창조, 실질 자율, 참여, 협력, 인간은 성장의 주체 가치창출, 과정중시 내적 동기, 의미부여 **질적 변화가 요구되는 일에 효과적**

[그림 12] 리더십의 두 관점

변화지향 리더십은 변화의 조건 즉, 변화의 에너지가 발생하기 위하여 구성원의 열정이 유지되고 학습이 진행되도록 하여야 한다. 또한, 이러한 열정과 학습을 유지, 촉진하기 위한 학교문화의 작동이 이루어짐으로써 구성원의 잠재 역량이 최고로 발휘될 수 있도록 하여야 한다. 이를 위해 필요한 요소들은 학습, 창조, 실질, 자율, 참여, 협력, 성장 주체로서의 인간, 가치창출, 과정 중시, 내적 동기, 의미부여 등이라고 할 수 있다.

변화지향의 지도자는 결국 현실적으로 학교 상황에서 변화가 일어나도록 역할을 수행하기 위하여 다음과 같은 사항에 대한 깊은 지식과 이해가 필요하다.

- 관리지향 리더십의 한계, 변화의 장애요소 인식
- 학교변화의 속성과 과정의 이해

- 구성원의 문화모형(cultural model)과 주관적 현실, 조직문화에 대한 이해
- 자신의 조직이 놓여 있는 맥락(local context)의 속성과 제약에 대한 인식
- 변화지향 리더십의 필요성과 작동 원리

이들은 그가 변화지향의 지도성을 발휘하는 데 있어 기초토대 (foundation)를 형성한다. 허약한 토대는 현실적인 난관에 봉착했을 때 그의 신념과 의지를 약하게 하고 구체적인 판단의 기준을 흐리게 함으로써 지도자로서의 역량 발휘를 어렵게 한다. 튼튼한 토대는 그 에게 정확한 문제의 인식과 방향 설정, 현실적이고 실용적인 대안의 모색, 구성원에게 유의미한 변화 과제의 도출과 경로 제시 등을 가 능케 한다(김인희, 2008).

변화지향의 지도자가 효과적으로 역할을 수행하기 위하여 적용하 여야 할 요소들은 이외에도 다양하게 제시될 수 있는바, 다음과 같 은 내용이 학교변화에 밀접하게 관련된다고 본다.

○ 리더의 역할: 비전 수립(vision-building), 신뢰 구축
  (trust-building), 경로 제시(path-finding),
  권한위임(empowering), 한 방향 정렬(aligning)[35]

---

[35] 이는 Steven Covey가 말한 리더의 4가지 행동에 신뢰구축을 추가한 것이다. 여기서 '한 방향 정렬'이란 변화 과정에 영향을 미치는 여러 가지 요소 간에 서로 상충하거나 배치 되는 일이 없도록 조정하여 전체적인 일관성(coherence)과 응집력을 높이는 것을 말한 다. 이는 결국 변화의 효율성과 생산성에도 깊게 영향을 미치는 것이다. 학교의 경우를 본다면 조직의 목표체계와 구조, 업무프로세스, 문화 등이 서로 배치되지 않아야 하며 업무수행의 방향과 평가 기준, 교육 운영계획과 실제 교육 활동이 서로 일치해야 하는 등이다.

○ 변화(change) 리더십: 변화를 설계하고 변화의 실행을 촉진, 지원, 관리하는 변화의 지도자. 변화의 전 과정에 걸친 리더십의 효과적인 작용

○ 분산적(distributed) 리더십, 리더십 굴절(변화 과정의 리더십 분산, 공유)

- 리더십 굴절(refraction)이란 변화 과제의 실천이 진행되면서 많은 사람이 이에 참여하게 되면 초기에 지도자에게 집중되었던 의사결정 권한이 과제를 직접 수행하는 구성원에게 필연적으로 위임, 분산되는 단계로 진전됨을 의미한다(Elmore, 2008).
- 즉, 분산적 리더십이란 여러 가지 리더십 유형 중에 선택할 수 있는 권장 사항이 아니라 학교변화가 구성원의 참여와 실천을 통해 실제로 진행되기 위해서 자연스럽게 필수적으로 이루어지는 현상으로 보아야 한다.

○ 체제(system) 리더십: 주변 환경과의 상생 중시(OECD, 2008)

- 체제 리더십은 생태론적 관점에서 학교조직의 발전을 위해 환경과의 생산적인 관계를 강조하는 리더십이다. 앞에서 논의한 생태주의적 원리에 바탕을 둔 대외관계 구축과 유연하고 효율적인 자기조직이 리더십의 기본 전략이 된다고 할 수 있다.

○ 상징적(symbolic) 리더십: 구성원의 의미부여와 목표 의식 설정 지원

- 학교구성원들이 학교변화의 과제를 자기의 문제로 수용하여 실천에 적극적으로 참여하기 위해서는 학교변화에 대한 의미부여

가 이루어져야 하는데, 이는 곧 변화의 과정에서 논의된 '태도 형성'의 단계라고 할 수 있다. 변화 과제에 대한 긍정적 태도의 형성은 변화가 정상적으로 이루어지고 성과를 내기 위한 기본적인 조건이다. 따라서 변화지향의 지도자 역할 중의 하나는 구성원들의 변화 과제에 대한 의미부여가 이루어질 수 있도록 돕는 일이며, 이를 위해서는 현실에 대한 문제 인식, 학교가 나아가야 할 목표와 비전 제시, 목표달성을 위해 수행해야 할 과제와 수행방법 안내, 변화 과정에서 발생하는 갈등과 상처에 대한 치유 등 다양한 일들이 수행되어야 한다.

- Deal과 Peterson(1999)은 이와 같이 구성원의 의미부여를 돕는 리더십을 상징적(symbolic) 리더십이라 부르며 많은 성공적 학교개혁이 상징적 리더십에 의해 가능했음을 소개하고 있다. 그들은 상징적 지도자의 역할을 역사가(historian), 문화탐구자(anthropological sleuth), 선지자(visionary), 우상(icon), 도예가(potter), 시인(poet), 배우(actor), 치유자(healer) 등으로 비유적으로 제시하고 있다.

○ 지속 가능 리더십: 실질적, 지속 가능한 변화를 위한 리더십

- 변화가 일시적인 이벤트로 끝나지 않고 안정적으로 지속할 수 있으려면 변화 자체의 성격이 일정한 조건을 충족시켜야 한다. Hargreaves와 Fink(2006)는 다음과 같은 사항들을 학교의 지속 가능한 변화를 가져오는 요건으로 제시하고 있으며 이를 가능케 하는 리더십을 '지속 가능(sustainable) 리더십'이라 부른다.

- 깊이: 변화가 학생의 깊이 있는 학습을 비롯한 교육본질에 접근하는 과제이어야 한다.
- 폭: 소수만이 참여하는 제한된 변화가 아니라 다수가 참여하고 리더십을 공유하는 변화여야 한다.
- 길이: 변화가 단기적으로 설정되어 빨리 성과를 내는 데 급급하지 않고 충분한 시간을 두고 추진되어 정상적인 변화의 과정이 진행될 수 있어야 한다.
- 공정성: 누구를 위한 변화이고 변화의 혜택은 관련된 자들에게 공정하게 돌아가는가?
- 다양성: 획일성과 표준화를 벗어나 교육의 다양한 목표와 영역, 방법, 관점들이 존중되고 활성화되는가?
- 자원성: 변화가 일시적, 소모적이지 않고 지속 가능한 변화의 에너지가 생성되고 있는가?
- 보존성: 소중한 기존의 가치와 업적이 유지 보존되는가?

지금까지 진정한 교육의 변화를 통해 형식주의와 소외를 극복하기 위한 학교문화의 변화 방향과 이를 위한 변화지향 리더십의 조건에 대하여 살펴보았다. 이는 결국 우리 교육에 있어 새로운 패러다임이 필요함을 의미하는 것이며 새로운 패러다임이란 곧 "학교교육 체제 속의 개인들이 소외되지 않고 모두가 주체적인 삶을 살아가며 자신의 본연의 과업을 위해 동기부여 되고 유형, 무형의 환경들이 이러한 동기부여를 장려하고 촉진하는 방향으로 초점 맞추어진 조직 운영과 업무 추진방식을 자연스럽게 형성하는 그러한 사고체계를 의미한다"(김인희, 2008). 이러한 패러다임 위에서 비로소 모든 학교구성원이 자신의 잠재 역량을 최대한 개발하고 발휘할 수 있는 생태가 조성될 수 있는 것이며, 이야말로 일상적, 지속적으로 의미 있는 진정한 학교의 변화가 이루어질 수 있는 조건이 되는 것이다.

제8장 학교의 교육복지역량 제고

　마지막으로 이 장에서는 지금까지의 논의를 바탕으로 학교가 실
질적으로 변화하는 데 도움을 준다고 생각되는 핵심 질문을 제기하
고 이에 응답하는 방식으로 몇 가지 방법론적 아이디어를 제시하고
자 한다.

1. 무엇을 위한 어떤 변화?: Why and What

　지금까지 교육에서 발생하는 교육소외의 현상과 원인, 이와 관련
된 학교의 문제, 교육소외를 극복하기 위한 교육과 교육이 이루어지
는 학교의 속성 및 조건, 이를 위한 학교의 변화는 어떻게 이루어질
수 있는지 등에 대하여 탐색하였다. 이와 같은 학교 교육 문제의 핵
심에 <소외와 형식주의>라는 만성적이고 고질적인 현상이 도사리고
있다. 학교는 학교다워야 한다. 학교다운 학교란 교육다운 교육을
시행하는 학교를 말한다. 교육다운 교육이란 그 학교에 다니는 모든
학생이 자신에게 유의미한 학습경험을 통해 저마다의 수월성을 추
구할 수 있도록 돕는 교육을 말한다. 이것이 제대로 실현되지 못한
다면 누군가에게는 교육소외가 발생하고 있는 것이다. 결국, 학교의
기본적인 과업은 교육소외를 해소하고 극복하는 것이다. **학교가 변**

화해야 하는 가장 중요한 이유는 교육소외를 보다 효과적으로 극복하기 위한 것이라고 할 수 있다. 다시 말하면 학교의 교육복지역량을 강화하기 위한 것이다. 이보다 더 절실하고 중요한 학교변화의 이유는 찾기 어려울 것이다. 학교혁신과 교육복지는 떼어놓을 수 없는 불가분의 관계라는 것이 명확해진다.

<표 10> 교육복지적 학교의 요건

- 교육복지적 사고: 인권, 개방성, 다양성, 자율성, **유연성**, 상대성 존중
- 교육복지적 시스템: 자율과 책임, 참여와 협동을 통한 능동적 업무추진
  개방성, 다양성, 상대성, 효율성을 중시하는 교육 운영
  조직으로서의 학습능력, 문제 진단 및 대응을 통한
  자기쇄신(self-renewal) 시스템
  개방적 대외협력 networking
- 교육복지적 교육프로그램: 학생의 교육적 요구에 부응하는 유연한 프로그램 운영
- 교육복지적 공간 환경: 숨 쉴 수 있는 공간(escape), 쾌적성, 편리성, 학습 지원성
- 교육복지적 문화: 소외 극복의 생산적 문화

* 출처: 안병영·김인희(2009)

학교가 개개인 학생에게 유의미한 학습경험을 제공하기 위해서는 적어도 4가지의 요소가 유연하게 작동되어야 하는데, 사고방식, 운영체제, 프로그램, 환경(공간·문화)이 해당한다. 여기서 유연성 (flexibility)이란 개방성, 다양성, 자율성, 상대성 등을 내포하는 것이다. 사고방식과 문화는 사실상 구분하기 어려우며 이미 앞에서 변화지향 학교문화를 이야기하면서 다루었다. 운영체제와 프로그램은 학생들이 구체적으로 경험하는 콘텐츠를 구성한다. 그 내용이 개개인의 필요에 부응하는가에 따라 유의미성이 좌우된다. 그 내용과 방식이 경직되고 획일적일수록 학생의 필요에 부응하기는 어려워진다.

따라서 학교의 교육복지역량을 강화하는 핵심 방향 중의 하나는 이들 요소의 유연성을 높이는 것이라고 해도 과언이 아닐 것이다.

결국, 학교의 교육복지역량을 강화하는 것이 근본적인 학교혁신의 방향이라면 **학교혁신은 교육복지적 학교를 만드는 일**이라고 할 수 있으며, <표 10>과 같이 **교육복지적 학교의 요건을 갖추어 나가는 것이 학교혁신의 주요 과제**라고 할 수 있을 것이다.

2. 어떻게 추진할 것인가: How

가. 6가지 혁신과제

2006년에 교육부의 정책과제로 학교현장에서 참고할 수 있는 학교혁신 기본 매뉴얼을 제작하여 배포한 바 있다. 이 매뉴얼의 기본 아이디어는 우리 학교들이 형식주의와 소외라는 공통된 병리 현상을 겪고 있고 이는 학교구성원들이 자신의 잠재 역량을 발휘하는 것을 심각하게 저해하는 요인으로 작용하고 있다는 문제 인식을 바탕으로 이를 극복하는 방안으로 6개의 혁신과제를 제시한 것이었다. 그 내용은 [그림 13]과 같으며 이 내용은 지금까지 논의한 학교혁신의 방향 - 구성원의 유의미한 학습과 삶의 공간 조성 - 과 일치한다고 생각되며, 그 추진방안을 좀 더 구체화한 것이라고 볼 수 있을 것이다.

이와 같은 6가지 과제 - 임파워먼트 체제 수립, 전문공동체 구축, 생산적 학교문화 형성과 이를 위한 학교 리더십 혁신, 대외관계 혁신 및 혁신 에너지 형성 - 는 학교의 유형과 규모에 상관없이 모든 학교조직에 공통으로 적용되는 핵심 요소이며 이들 요소가 하나하나

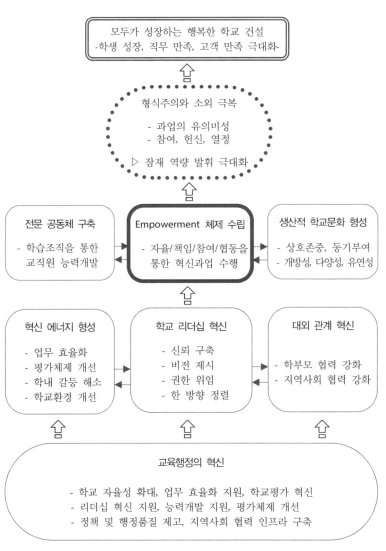

모두가 성장하는 행복한 학교 건설
-학생 성장, 직무 만족, 고객 만족 극대화-

형식주의와 소외 극복

- 과업의 유의미성
- 참여, 헌신, 열정

▷ 잠재 역량 발휘 극대화

전문 공동체 구축

- 학습조직을 통한 교직원 능력개발

Empowerment 체제 수립

- 자율/책임/참여/협동을 통한 혁신과업 수행

생산적 학교문화 형성

- 상호존중, 동기부여
- 개방성, 다양성, 유연성

혁신 에너지 형성

- 업무 효율화
- 평가체제 개선
- 학내 갈등 해소
- 학교환경 개선

학교 리더십 혁신

- 신뢰 구축
- 비전 제시
- 권한 위임
- 한 방향 정렬

대외 관계 혁신

- 학부모 협력 강화
- 지역사회 협력 강화

교육행정의 혁신

- 학교 자율성 확대, 업무 효율화 지원, 학교평가 혁신
- 리더십 혁신 지원, 능력개발 지원, 평가체제 개선
- 정책 및 행정품질 제고, 지역사회 협력 인프라 구축

* 출처: 교육인적자원부(2006)

[그림 13] 학교혁신의 추진과제

원활하게 작동하고 서로 유기적으로 결합하여야 학교의 기능과 역할이 제대로 수행될 수 있다고 본다. 이는 마치 우리 몸이 건강을 유지하고 제 기능을 수행하기 위해 기본적인 영양소가 필요하고 체내에서 복합적인 대사 작용이 이루어지듯이 학교조직에서도 이들 요소가 화학적 반응을 일으켜 구성원들의 긍정적인 에너지를 순기능적으로 발생시켜야 한다.

1) 학교 리더십의 혁신[36]

학교혁신 추진에 있어 가장 중요한 역할을 하는 사람은 교장, 교감 및 리더십을 지닌 교사들이다. 특히, 교장의 리더십은 결정적인 영향을 미치게 된다. 국내·외의 성공적인 학교혁신 사례들에는 학교장의 효과적인 리더십이 핵심 요소로 작용했다. 교장의 리더십은 혁신의 출발부터 완성에 이르기까지 광범하고 강력하게 작용한다. 교장이 변화지향의 리더십을 발휘하여 혁신의 지도자 역할을 효과적으로 수행하지 못한다면 학교혁신은 제대로 이루어질 수 없다. 교장은 구성원에게 권한과 책임을 부여하고, 혁신의 비전과 경로를 제시하여 직무 동기를 부여하며, 구성원의 능력 향상을 돕고 업무평가 체제를 운영한다. '교장이 어떠한 리더십을 발휘하는가?'는 학교의 효과성 및 학교문화 형성, 고객의 만족도에 지대한 영향을 미친다.

- 학교장의 변화지향의 리더십 발휘
- 체계적인 학교 리더십 훈련

---

36) 이하 6개 과제의 설명은 교육인적자원부(2006). 「학교혁신 기본 매뉴얼」 중에서 발췌 수정한 내용임.

2) 혁신 에너지의 형성

학교혁신을 추진하기 위해서는 우선 구성원이 혁신을 주도적으로 이끌어가는 데 필요한 자율적 권한과 에너지, 시간이 요구된다. 학교가 각자의 놓여 있는 여건에서 자신의 문제를 해결해 나가기 위한 주요 과제를 수행함에 실질적 권한이 부여되어야 하며, 무의미하고 형식적인 업무에 소요되는 시간과 에너지를 유의미하고 실질적인 과업으로 전환할 수 있어야 한다. 학교 교육 발전을 위한 구성원의 크고 작은 노력이 공정하게 평가되고 인정받을 수 있는 체제가 가동되어야 한다. 또한, 학내 집단 간의 갈등은 구성원 간의 생산적인 협력을 저해하고 불필요한 에너지의 소모를 초래하므로 이를 최소화하여야 한다. 이들 요소를 적극적으로 개선하여 혁신 추진에 필요한 기초체력을 확보하여야 한다.

- 단위학교 운영 자율권 확대
- 불필요한 일 버리기 및 업무의 효율화
- 평가체제의 합리성 제고
- 학내 갈등의 해소
- 학교환경의 개선

3) Empowerment 체제의 구축: 자율, 책임, 참여, 협동을 통한 혁신 과업의 수행

학교의 많은 과업이 형식적이고 유의미성을 결여하는 이유는 구성원의 자기 선택이 아니라 타율적으로 이미 결정된 사항을 따르는 데서 오는 수동성, 책임감 및 참여의식 부족 등에 기인하는 바 크다. 이에 대한 대안은 중요한 결정 권한과 책임을 구성원에게 부여하는 것이다. 권한위임(empowerment)은 자율적 선택과 책임, 그리고 참여를 가능케 한다. 여기에 협동(collaboration)을 통한 과업수행이 결합할 때 유의미한 생산적 과업수행이 비로소 가능하게 된다. 유의미한 과업은 구성원의 열정과 헌신을 가져오고 잠재능력을 발휘하게 한다.

- 권한위임(empowerment)
- 참여
- 협동적 과업수행

4) 전문 공동체(professional community) 구축

교사 개개인은 권위를 지닌 전문직으로 학생과 학부모 앞에 서야 한다. 학교가 수행하는 핵심과업은 전문적 능력을 바탕으로 전문적 판단이 요구되는 일이다. 이러한 전문적 과업을 제대로 수행하기 위해서는 교사 개인의 자율성과 책임이 따라야 하며, 과업의 성과를 높이기 위해서는 지속적인 학습을 통한 전문성 신장이 필수 불가결하다. 학습은 과업과 연계하여 협동적으로 이루어질 때 효과가 배가될 수 있다. 전문직의 과업에 대한 최종평가자는 고객(client)이며 그 때문에 전문직은 고객에 대한 책무성을 가장 우선시하여야 한다. 따라서 학교구성원의 과업 개선에는 학생, 학부모, 지역사회의 요구가 당연히 반영되어야 한다. 또한, 전문직은 자율과 책임이 요구되는 한편, 외부적인 통제보다는 스스로에 대한 행동 규범을 수립하고 동료들에 의한 자율적 통제를 선호하는 특성을 보인다.

- 전문능력 향상을 위한 학습 조직화
- 학교 교육 활동에 학생, 학부모, 지역사회의 요구 반영
- 자율적 통제 강화: 행동 규범의 제정 및 자율적 규제
- 자율/책임을 통한 과업수행 및 협력 네트워크를 통한 공동체 문화 형성

5) 생산적 학교문화 형성

학교 내의 폐쇄적, 획일적이고 경직된 업무 관행 및 사고와 행태를 찾아내어 이를 시정하고 인권·인격 존중, 개방성, 다양성, 유연성이 살아 있는 조직문화를 구축해 나간다. 이러한 학교문화가 발전할수록 구성원의 다양한 요구와 견해가 학교 교육에 반영되어 개인의 창의적인 재능과 노력이 살아날 수 있다. 소외되고 부적응하는 자가 줄어들면 구성원의 잠재 역량이 발휘되고 결집하여 학교의 성과가 향상된다. 이러한 학교문화의 형성을 위해서는 구성원의 의식, 프로그램, 교육환경에 인간 중심 사고, 개방성, 유연성, 다양성을 높이기 위한 입체적인 노력이 추진되어야 한다.

- 학교문화의 진단: 인간존중, 개방성, 유연성, 다양성 등
- 학교문화 혁신 추진: 의식, 프로그램, 환경의 혁신을 통한 소외 극복 문화 형성

6) 대외협력의 강화

학교가 전문적 기능을 수행하여 효과성을 높이기 위해서는 고객에 대한 책무성을 중시하여야 하며, 학부모 및 지역사회와의 협력 관계 수립은 필수 불가결하다. 이는 ① 학교가 실행하는 과업의 타당성을 높이기 위하여, ② 과업수행에 필요한 지원을 얻기 위하여, ③ 학교에 대한 고객의 만족을 높이고 신뢰를 구축하기 위하여 필요하다.

- 학교, 가정, 지역사회 간의 의사소통 촉진
- 다양한 영역에서의 상호 협력 실천
- 학부모, 지역사회의 학교 교육 지원, 학교의 지역사회 봉사
- 학교운영에 교육공동체의 의견 및 요구사항 반영

7) 교육행정의 학교혁신 지원 강화

학교혁신을 위한 교육행정의 적극적이고 일관성 있는 지원이 없으면 학교혁신은 성공하기 어렵다. 교육행정은 위에 제시된 과제들이 효과적으로 수행될 수 있도록 여건을 조성하고 장애요소를 제거하며 지역의 혁신 인프라 구축 등 단위학교 수준에서 달성하기 어려운 과제들을 수행하여야 한다.

- 학교 리더십 혁신 프로그램 운영
- 혁신 에너지 형성 지원: 행정규제 축소, 업무 효율화, 평가체제 개선 등
- 학교에 형식주의를 초래하는 행정적 요인의 해소

- 혁신 에너지 형성 촉진
- 교육행정의 현장 적합성 제고
- 귀납적 정책 및 행정과제 발굴
- 정책 및 행정품질관리 추진
- 학교평가의 혁신
- 전문능력 개발 지원 및 장학기능의 획기적 개선
- 학교환경의 지속적 개선
- 지역사회 협력 인프라 구축
- 일상적 학교혁신이 가능한 학교생태 조성

나. 교육복지공동체 구축[37)]

1) 교육복지공동체로서의 학교: 개념과 요건

학교를 공동체로 보려는 관점의 논거는 첫째, 관료적 운영과 산업모델이 학교 교육의 장면에서 초래하는 소외, 부적응, 비효율 등의 문제를 극복할 수 있는 학교운영의 대안적 원리가 절실히 요구된다는 점, 둘째, 진정한 배움을 위한 교육은 공동체적인 관계 맺기와 그 속에서 이루어지는 인간 중심 상호작용의 기반 위에서 실현될 수 있다는 점, 셋째, 지식조직으로서 학교가 조직의 생산성을 높이기 위해서는 구성원들의 지속적인 역량 개발이 요구되며 이는 실천공동체(community of practice)라는 사회적 구조를 통할 수밖에 없다는 점 등에 있다고 볼 수 있다.[38)]

---

37) 김인희(2011). "학교의 교육복지공동체 관점 고찰"(교육정치학연구. 18(4) 29-60)에서 발췌 수정함

38) 학교는 지식조직인가? 지식조직이란 조직의 생산에 있어 지식이 가장 중요한 요소로 작

한편, 교육복지의 관점에서 볼 때, 학교는 교육소외 극복에 앞장 서야 하는 가장 중추적인 사회기관으로서 교육복지가 곧 학교의 주된 기능이자 학교의 운영원리가 되어야 한다고 말할 수 있다. 학교는 교육복지 기능을 수행해야 하며, 그 기능을 제대로 수행하기 위해서는 학교를 구성하고 작동시키는 요소들 자체가 '교육복지적' 성질을 지녀야 한다고 할 수 있다.

'공동체로서의 학교'와 '교육복지 중심으로서의 학교'라는 두 명제는 '교육복지공동체로서의 학교'라는 형태로 결합할 수 있다고 본다. 공동체의 구성원은 같은 비전, 가치, 목적, 과제와 실천 경험 등을 공유한다고 볼 때, 교육복지공동체란 교육복지의 비전, 교육복지가 추구하는 가치, 교육복지가 실현하고자 하는 목적, 교육복지를 실현하기 위해 수행해야 할 과제, 교육복지 과제를 수행하는 과정에서 거치는 실천적 경험들을 공유하게 되는 공동체이며, 이는 곧 학교의 본래 모습과 다르지 않다고 생각된다. 실천공동체에 대한 Wenger(1998)의 용어를 빌리자면 교육복지는 학교 실천공동체의 관심 분야(domain)를 형성하고 실천(practice)을 결정짓는 역할을 하게 되는 것이다. 앞에서 논의했던 학교의 교육복지역량은 이와 같은 교육복지공동체가 형성되지 않으면 제대로 확보되기 어렵다고 볼 수 있으며, 학교가 교육복지공동체의 모습을 보일 때 비로소 학교의 교육복지역량도 최대화될 수 있는 조건을 갖추었다고 할 수 있을 것이다.

용하는 조직을 말하며, 여기서 지식이란 객관적 명시적 지식뿐만 아니라 구성원들에게 체화된 암묵적 지식의 차원이 중시되며, 곧 지식이란 조직의 생산과 문제 해결을 가능케 하는 역량(a capacity to act)이라고 할 수 있다(Sveiby, 2005). 학교의 (교육적) 생산성은 학생들의 변화와 성취를 통해 측정되며 이는 교사의 지도역량에 의해 절대적으로 좌우된다고 볼 때, 학교는 가장 전형적인 지식조직이라 할 수 있을 것이다.

공동체의 특징으로 제시되는 구성원 간의 상호 신뢰와 연대감, 소속감, 배려와 돌봄, 의미 있는 관계의 추구, 상호 간 소통과 협력 등과 같은 요소들은 앞에서 논의된 바와 같이 교육복지의 실천에 있어서 핵심적인 원리들이다. 학교공동체의 주요 가치와 원리들은 교육복지의 가치와 원리들과 대부분 일치한다. 예컨대, 학교공동체가 추구하는 지역사회와의 협력은 교육복지의 실천에 있어서 핵심적 조건에 해당한다. 이렇게 보면, 학교가 교육복지를 실현해야 한다는 명제를 전제로 할 때, 학교운영의 최적 접근은 공동체적 접근이며, 학교를 교육복지공동체로 보는 관점은 곧 학교의 교육복지 실현에 있어 최선의 조건을 제공한다고 볼 수 있다.

교육복지공동체는 학교가 교육복지의 기능을 수행하기 위해 최적의 조건을 제공할 뿐만 아니라 학교의 공동체적 속성 자체가 학교의 교육복지적인 모습을 형성하는 데 크게 기여한다. 이미 논의한 바와 같이 공동체적 가치의 대부분이 교육복지의 원리와 일치하므로 학교가 공동체적인 모습을 지닌다는 것은 곧 학교가 교육복지적인 성격을 형성한다는 의미가 된다.

또한, 학교에서 실천공동체가 작동한다는 것은 학교가 교육복지 실천 역량을 증진하는 데 핵심 요건이 된다. 학교구성원들이 갖추어야 할 교육복지 전문역량은 구성원 간의 실천 경험 공유와 원활한 상호작용을 통해 교육복지에 관한 지식을 개발, 공유, 확산함으로써 지속해서 증진될 수 있다. 즉, 교육복지에 관한 집단적 학습이 실천공동체를 통해 활성화될 때 그 학교의 교육복지역량은 증진될 수 있다. 실천공동체는 학교의 교육복지역량을 증진하는 데 핵심 전략이 될 수 있다(김인희 외, 2009).

교육복지공동체로서 학교가 갖추어야 할 요건을 지금까지의 논의에 기초하여 공동체를 구성하는 요소별로 정리해 보면 <표 11>과 같다. 이들 요건은 학교가 온전한 교육복지공동체의 모습을 갖추는데 필요한 요소들이라 할 수 있다.

<표 11> 교육복지공동체로서 학교의 요건

공동체 요소	요 건
비전, 가치, 목적	학습자의 기본적 인권 및 학습권 존중, 삶의 질 향상 모든 학생의 최대 역량 개발을 위한 학습경험 제공 '교육소외 없는 학교'의 추구 모든 학생은 교육기회 앞에 동등(equal but not similar)
미션, 과제	교육소외의 예방, 진단 및 치유 학생 개개인의 교육적 필요 진단 및 최적의 학습경험 제공 학업과정에서 학습부진 및 결손의 원인 파악과 적합한 대응 학교의 대내적 응집력의 제고 및 생산적 대외관계의 강화
의식, 태도, 정서	인권 존중, 상호 신뢰, 개방적 사고, 연대감, 소속감, 배려, 공감 능력, 감수성, 의미 있는 관계의 추구, 전문성의 중시, 학습의 존중
조직운영방식	임파워먼트, 리더십의 공유, 참여, 협동, 소통, 자율과 다양성, 유연성 업무성과 및 노력과 일치되고, 일관된 평가체제 수립 운영
역량 개발을 촉진하는 과제 수행	협력적 학습 - 지식의 공유, 문제의 공유, 해결방안 공동 모색, 동료 평가, 협동적 작업, 실천 레퍼토리의 공유, 학습조직 운영 지역사회기관 등과 협력 네트워크 구축 및 효율적 운용 새로운 교육복지 실천방안의 지속적 개발, 혁신
학교환경, 풍토	소외 생산적 학교문화의 극복 - 형식주의, 소외를 야기하는 경직, 획일, 폐쇄, 불공정, 차별, 독단적 요소 등 극복 인간 중심적, 학습 친화적, 정서적으로 풍요로운 학교환경 구축

2) 교육복지공동체로서의 학교 구현 방안

교육복지공동체로서 학교를 구현하는 방안은 앞에서 제시된 교육복지공동체의 요건을 갖추어 나가는 것이다. 이 요건들은 현재의 학교에 대한 진단 및 평가 기준이 될 수 있다. 이들은 학교가 추구하는 공식, 비공식 목적과 가치, 실제로 적용되는 행동원리, 평가 기준, 구성원의 의식과 행태, 학교업무의 추진방식, 수행되는 과제의 성격과 수행방식, 과제 수행을 통해 이루어지는 구성원 간 관계 및 상호작용의 성격과 질(quality), 실천공동체의 관점에서 본 협력적 학습의 작동 여부, 즉 관심 분야, 공동체, 실천의 내용 여부 및 수준, 실천과 정에서의 경험 공유 및 소통 여부, 학습의 내용과 수준 등 학교조직 운영의 제반 요소들에 대한 점검이 이루어질 필요가 있다. 이와 같은 진단을 바탕으로 단계적인 전략 수립과 실천을 통해서 요건을 갖추어 나가야 할 것이다.

다만, 개방체제로서 학교의 변화는 학교를 둘러싼 환경이 이를 얼마만큼 허용하고 지원하는가에 따라 크게 좌우될 수 있다. 학교가 그 운영원리로 교육복지공동체를 적용하는 것이 가능하려면 학교에 대한 기존의 관료적 통제와 소위 산업모델에 의한 학교 교육 지배는 최소화되어야 한다. 이는 교육 당국의 간섭과 통제를 가장 적게 받는 대안학교의 모습에서 일부 적용사례를 찾을 수 있을지 모른다. 즉, 학교운영 자율화가 실질적으로 이루어져야 함을 시사한다.

학교가 자율화된다는 것은 교육복지공동체를 형성하기 위한 필요조건이지 충분조건은 아니다. 학교가 교육복지공동체로 가기 위해서는 학교구성원이 교육복지공동체의 요건에 대한 이해와 신념을 바탕으로 합의를 이루고 그 요건을 갖추기 위해 공동 실천을 해 나가야 한다. 이는 힘들고 시간이 걸리는 작업이며, 일 회로 완성되는 일(event)이 아니라 끊임없이 계속되는 과정(process)이다.

교육복지공동체를 이룬다는 것은 모든 학교 교육의 장면에서 교육복지의 가치가 공동체적 관계와 상호작용을 통해 지켜지고 실행된다는 것을 의미한다. 그것은 명시적 과업인 동시에 공동체 구성원들의 일상적인 삶 속에서 자연스럽게 행해지고 묻어나오는 암묵적인 차원에까지 이르게 된다. 결국은 교육복지적 삶이 조직구성원의 행동 양식으로 나타나는 '조직문화' 수준까지 도달할 때 우리는 이를 교육복지공동체라고 부를 수 있을 것이다. 학교가 교육복지공동체가 된다는 것은 학교에서 이루어지는 구성원의 삶 자체가 교육복지적인 모습을 지니며 학교 내 일상 속에서 교육복지적 가치가 자연스럽게 존중되고 실천되는 상태를 의미한다.

이와 같은 교육복지공동체의 모습을 학교가 갖추기 위해서는 다음과 같은 조건들이 충족되어야 할 것이며 이를 위한 적극적인 지원이 이루어져야 할 것이다.

첫째, 교원의 교육복지에 대한 인식이 확산 심화하고 그 필요성에 대한 공감대가 형성되어야 한다. 교육복지의 주체가 교원과 학교가 되어야 한다는 인식이 전제되지 않으면 이상의 논의들은 무의미해질 것이다. 이를 위해 교원의 양성과 연수 과정에서 교육복지에 대한 체계적인 교육과정이 도입되어야 한다. 예비교사를 위한 교육복지 체험 실습은 반드시 필요하다고 생각된다. 교원들은 교육소외의 본질과 속성, 교육복지의 의미와 원리, 교육소외 진단 및 지원방법, 지역사회협력 필요성 이해 및 소통 방법 등에 대한 전문적인 교육을 받을 필요가 있다.

둘째, 학교장의 교육복지적 리더십이 획기적으로 신장되어야 한다. 학교장은 교육복지공동체의 형성과 발전을 위해 관료적 행정기관의 장과는 전혀 다른 새로운 리더십을 발휘하여야 하며, 교육복지의 수호자가 되어야 한다. 교육복지공동체의 요건을 학교가 갖추어 나가고 교육복지의 기능이 원활히 수행되도록 지원하며 구성원들의 교육복지 역량이 지속해서 향상될 수 있도록 장려하여야 한다. 이를 위해 교장의 양성, 자격취득, 근무 단계별로 교육복지 리더십에 대한 일관된 학습 기회가 제공되어야 한다.

셋째, 학교의 업무체제에 있어 교육복지 기능을 원활하게 수행하기 위한 재편이 이루어질 필요가 있다. 소위 '교육복지부'를 두어 교육복지적 차원의 업무를 주관, 기획, 조정하고 교내 교육복지 활동 지원 및 대외협력 창구역할을 수행하여야 한다. 교육복지 과제의 연계 협력적 수행을 위해 교육복지사, 전문상담가, 관련 전문가, 보조 인력 등의 교내외 지원을 받을 수 있는 업무체제를 구축할 필요가 있다.

넷째, 교육복지의 실천원리가 존중되는 방향으로 교육복지 활동이 기획되고 추진되어야 한다. 학생들의 삶의 모습이 존중되고, 유의미한 학습경험을 제공하기 위한 조건들이 구축되며, 교육복지 지원에 있어 연계와 협력, 소통이 원활하게 이루어질 방안들이 지속해서 모색되어야 한다. 학교는 지역교육복지네트워크의 핵심 멤버로 역할을 수행해야 하며 공공기관뿐만 아니라 민간의 잠재 역량을 극대화할 수 있는 정책적, 행정적 조치들이 강구되어야 한다. 또한, 안정적으로 일관성 있게 교육복지 기능이 수행될 수 있도록 재정확보 및 제도적 정비 등을 추진해야 한다.

끝으로, 학교의 교육복지공동체 구축을 지원하는 방향으로 교육정책과 행정이 재구축(rebuilding)되어야 한다. 종래의 산업모형 또는 합리적-구조적 접근을 중심으로 학교 교육을 다루려는 방식은 이

제 그 한계에 도달하였다. 외적 책무성을 중시하여 학교를 대외적인 기준에 순응하도록 길들이는 가운데 학교의 자생적 활력과 창의적 노력을 희생시킨 오류를 지속할 수는 없다. 학교의 실질적 자율화와 함께 그동안 적용해 온 교육정책 및 행정의 방식을 원점에서 새로 정립하는 시도가 요구된다. 이는 우리가 적용하고, 실천해 온 교육의 관점에 대한 각성과 재검토에서 비롯되어야 한다. 이러한 작업이 비록 어려운 과업일지라도, 종전의 방식을 지속하는 것이 우리 교육을 더욱 한계 상황으로 몰아 교육 고통을 더하고 교육체제의 비효율을 넘어 궁극적으로 교육체제를 무력화시킬 수도 있다는 점을 생각한다면, 우리가 마땅히 감수하고 실행해야 할 일이라고 본다.

후기

내가 교육복지라는 용어를 처음 접하게 된 것은 2004년 교육인적자원부의 교육복지정책과장으로 발령이 나면서부터이다. 교육복지정책과장이 되었으나 그 용어를 처음 들어보고 부처 내에도 그 용어에 대한 공식적 정의가 없었다. 그 부서가 처음 만들어지고 초대 과장으로 부임하였으니 자연히 내가 해야 할 첫 번째 과제는 교육복지를 정의하는 것이었다. 그래야 내가 해야 할 일의 목적, 방향, 내용과 범위, 추진방식들이 정해질 수 있기 때문이었다.

그런데 당시 그 일이 그렇게 어려웠던 것 같지는 않다. 다행히도 나는 미국 유학 중에 교육의 사회적 기초(social foundations of education)라는 전공을 공부했고 그 전공은 교육이라는 사회현상을 탐구하기 위해 철학, 사회학, 인류학, 역사학, 비교교육학 등 다각적 관점에서 접근하고 있었으며, 그 속에 흐르는 일관된 가치는 (억압과 속박으로부터의) 자유와 형평성(equity)이라는 민주주의의 근본가치였다. 그 때문에 내가 맡은 '교육복지'라는 영역은 바로 내가 공부했고 관심을 지닌 근본이념과 직결되고 이를 실현하기 위한 핵심 정책영역이 될 수 있다는 점에서 자연스럽게 받아들이고 의미부여가 되었던 것 같다. 후에 "아, 내가 교육복지를 맡기 위해서 그 공부를 하게 되었던 것인가?" 하고 자문한 적도 있었다.

교육복지를 만난 것은 우연일 수도 있다. 그러나 나는 우리 교육 발전을 위한 교육복지의 역할에 중요한 의미를 부여하였고, 그 이후 교육복지는 하나의 업무나 과제가 아니라 교육 관료, 이후 교수로 활동하는 동안 내가 수행하여야 할 사명(mission)이 되었다. 교육복지정책을 담당했고, 그 이후 대학원에서 교육부와 교육청의 공무원들을 대상으로 교육복지정책론 강좌를 개설했다. 연구, 학술회의, 평가, 자문, 강연, 정책포럼 등 교육복지와 관련된 다양한 활동에 참여하고 여러 학자, 연구원, 행정가, 현장 교원, 교육복지사, 지역 활동가 등과 만나면서 교육복지의 중요성과 의의에 대한 내 생각은 점점 더 확고해졌다. 특히 여러 계기를 통해 우리 교육이 당면한 '소외' 문제의 심각성과 그 소외를 발생, 심화시키는 우리 교육의 내적, 외적 메커니즘의 문제를 확인하게 되었다.

2005년에 20년간의 교육 관료 생활을 마치고 한국교원대학교 교육정책전문대학원 교수로 자리를 옮기게 되었다. 당시는 참여정부 시절로 공공부문의 '혁신'이 강력하게 추진되던 시기였으며 학교도 여기에서 자유로울 수 없었다. 2004년 교육복지정책과장 때는 교육청과 학교의 혁신 업무도 같이 담당하고 있었다. 교수로 자리를 옮긴 2005년은 학교혁신의 '원년'으로 불리며 정부 주도의 강력한 드라이브가 시작되었다. 2005년 말에 교육부로부터 '학교혁신 매뉴얼' 작성 의뢰를 받았다.

나는 학교가 매뉴얼 하나 따라 한다고 혁신될 수 있을 정도로 간단한 곳이라면 아마 이미 다 혁신이 이루어졌을 것이라고 푸념을 하면서도 정부의 중요한 과제이니 응하지 않을 수 없었다. 당시 현장의 분위기는 '1학교 1혁신'이라는 말이 사용될 정도로 학교별로 특정한 '혁신사업'을 정하여 추진하는 것이 학교혁신이라는 수준의 인식이 퍼져있었다. 제대로 된 학교혁신의 안내서가 절실히 필요한 실정이었다.

연구역량과 문제의식을 지닌 현직 교사 네 분과 함께 연구진을 구성하고 '학교혁신 기본 매뉴얼'을 작성하는 프로젝트를 수행하였는데, 초점은 혁신사업을 어떻게 추진하는가가 아니라, 자기 학교가 지닌 문제를 어떻게 진단하여 찾아내고 그 문제를 해결하기 위하여 학교구성원의 역량을 어떻게 결집할 것인가에 도움을 줄 수 있는 내용을 담으려 노력하였다. 특히, 학교혁신이 다른 많은 사업처럼 형식적, 전시적 행사에 그치는 것을 피하려고 고민하고 논의한 결과, 우리 학교가 지닌 공통의 문제를 소외와 형식주의로 진단하고, 이를 극복하기 위한 6개 핵심과제를 제시하였다. 임파워먼트, 생산적 학교문화 형성, 혁신 에너지의 형성, 학습공동체 형성, 대외협력 촉진, 리더십 혁신이 그것이며 학교가 이들 핵심과제를 활성화할 수 있도록 지원하는 것을 교육청의 행정혁신 과제로 제시하였다.

이 매뉴얼은 모든 시·도교육청과 학교에 배포되었고 이후 좀 더 구체적인 교사용 자료가 작성되어 원격연수를 통해 많은 교사가 학습하게 되었다. 공식적 확인을 해보지는 않았지만 이후 경기도에서부터 시작된 혁신학교 구상에도 일정 부분 기여한 것으로 보인다.

매뉴얼 작성 이후 2006년부터 2008년 무렵까지 학교혁신에 대한 강의를 전국적으로 다니면서 학교혁신에 관한 연구를 지속하였으나, 그보다도 예나 지금이나 수많은 교육정책이 추진되지만 학교 교육의 핵심에 변화를 가져오는 정책들은 찾아보기 어렵고 대부분 형식화되어 버리는 문제에 대한 근본적 의문 때문에 학교혁신의 접근법을 중심으로 연구와 강의를 하게 되었다. 특히 학교에서 나타나는 형식주의 현상에 관하여 더욱 깊이 있는 분석이 이루어져야 이 문제에 대한 해법을 찾을 수 있다는 생각을 하게 되었다.

형식주의에 대한 나름의 고찰 결과, 형식주의는 바로 인간 소외현상과 직결되며 이는 다시 '의미상실'과 깊게 관련되어 있다는 결론을 얻게 되었다. 즉, 형식주의적 행태는 자신의 현실에 의미를 부여하지 못하는 소외상태에 놓인 사람들이 보이는 반응이다. 나의 '학교혁신' 강의 PPT 자료의 마지막 문구는 "Make Things in School Meaningful!"이었다.

이와 같은 배경으로 인해 나는 교육복지와 학교혁신을 서로 밀접하게 연관된 주제로 파악하게 되었고 교육복지를 실현하는 것이 학교혁신이고 학교혁신이 이루어지지 않으면 교육복지의 실현도 어려울 수밖에 없다는 확신을 얻게 되었다. 학생이나 교사나 '의미 있는' 삶을 살 수 있는 곳을 만드는 것이 학교혁신의 본질이며, 이러한 학교혁신이 바탕이 되어 소외와 형식주의가 없는 학교가 되어야 교육소외를 극복할 수 있는 '생태'(ecology)가 조성될 수 있다. 즉, 교육소외라는 병리 현상과 싸워 이길 수 있는 건강한 학교가 될 수 있다. 결국, 학교 교육을 바로 세우기 위한 우리의 싸움은 '의미 없는 것들', 그리고 '의미 없는 것들을 우리 삶에 강요하는 세력들(forces)'과의 싸움이다.

참고문헌

강영혜 (2007). 핀란드의 공교육 개혁과 종합학교 운영 실제. 한국교육개발원.

강영혜, 김미숙, 김미숙, 이혜영 (2007). 수월성 교육의 개념과 실천 방향. 한국교육개발원.

교육인적자원부 (2006). 학교혁신 기본 매뉴얼.

교육인적자원부 (2004). 창의적 인재양성을 위한 수월성 교육 종합대책.

교육인적자원부 (2007). 수월성 제고를 위한 고등학교 운영 개선 및 체제개편 방안.

김경근 (2006). 한국 중등교육의 수월성과 형평성의 조화를 위한 과제. 교육학연구, 44(1), 1-21.

김경숙·김인희 (2016). 중고등학교의 학업중단 위기 학생이 경험하는 소외에 관한 질적 사례 연구. 교육행정학연구. 34(2). 253-285.

김기석 외 (2005). 평준화 정책이 학업성취에 미치는 영향에 대한 종단적 분석. 한국교육개발원.

김달효 (2006). 능력별 집단편성의 비판적 이해. 서울: 시그마프레스.

김대석·조호제 (2013). 수준별 수업이 학업 성취도에 미치는 영향. 교육문제연구, 26(2), 1-24.

김명한·박종렬 (2001). 교육행정 및 학교경영. 서울: 형설출판사.

김미숙 외 (2008). 수월성 제고를 위한 수준별 학습 확대 방안. 한국교육개발원.

김병찬 (2003). 중학교 교사들의 교직문화에 대한 질적 사례연구. 교육행정학연구, 21(1), 1-27.

김은영·김주후 (2009). 수준별 수업이 중학생의 자기조절학습력과 수학과 학업 성취도에 미치는 영향. 교육과정평가연구, 12(3), 223-245.

김인희 (2005). 유네스코 교육차별철폐협약 가입 검토를 위한 기초연구. 유네스코한국위원회.

김인희 (2006). 교육복지의 개념에 관한 고찰. 교육행정학연구 24(3) 289-314.

김인희 (2007). 학교혁신과 형식주의의 관계에 관한 연구. 교육행정학연구. 25(3) 29-56.

김인희 (2008). 학교교육혁신론. 경기: 한국학술정보(주).

김인희 (2009). 중등교육정책에 있어서 수월성과 형평성에 대한 토론. 한국교원대학교 교육정책전문대학원 개원기념세미나 자료집.

김인희 (2011). 학교의 교육복지공동체 관점 고찰. 교육정치학연구. 18(4) 29-60.

김인희 (2012). 교육복지의 개념에 관한 이론적 재탐색. 한국교육행정학회 2012 하계학술대회. 한국교원대학교.

김인희 (2013). 교육소외 해소를 위한 학교의 교육복지역량 강화 방안. 사회과학연구 14. 한국교원대학교 사회과학연구소.

김인희 (2016). 교육복지 수준의 국제비교. 월간교육 제2호. 34-44.

김인희 (2016). 학교의 역할 변화. 미래지향적 교육체제 조성방안 연구: 미래 교육 핵심 이슈(이슈 페이퍼 CP 2016-03, pp. 200-212). 한국교육개발원.

김인희·이혜진 (2014). 학교변화의 과정에 작용하는 동력에 관한 연구. 교육정책연구 1. 77-118. 한국교원대학교 교육정책연구소.

김인희·이혜진 (2016). 한국 교육에서 수월성의 의미와 실현 조건 탐색. 교육정책연구. 3. 39-81.

김인희·김민·심의보 (2009). 학생복지 증진방안 연구. 충청북도교육청.

김인희·박철희·양병찬 (2011). 교육복지 전문역량 강화 방안 연구. 한국교육개발원.

김인희 외 (2013). 학교 특성화 컨설팅 및 평가방안 연구. 세종시교육청.

김인희 외 (2017). 광주희망교실 성과분석 및 발전방안. 광주광역시교육청.

김정원 (2007). 교육복지와 학교의 역할 - 교육복지투자우선지역 지원사업을 중심으로. 교육사회학연구 17(4) 35-61.

김정환 (1987). 교육의 질적 수월성을 위한 수업 지도성. 석사학위 논문. 동아대학교.

김종관 (2005). 교육의 형평성과 수월성, 어느 한쪽도 포기할 수 없어. 한국교육개발원 교육정책포럼 2005. 1. 미발간 자료.

김종철 (1983). 한국 교육과 행정의 제 문제. 서울: 교육과학사.

김준엽 (2009). 수준별 이동수업의 효과분석. 김양분 외 (편). 주요 교육정책 성과분석. 한국교육개발원.

문갑식 (2010). 무조건 죽겠다는 아이...스승이 그를 살렸다. 조선일보.

(http://news.chosun.com/site/data/html_dir/2010/03/12/201003120145
6.html)

문용린 (2002). 교육의 수월성과 평등성 추구. 교육개발, 134, 43-49.

박성익 (1994). 교육의 수월성 추구와 학교현장의 개선. 한국교원단체총연
합회 '95-'96 현장 교육연구 운동 주제해설집, 21-29.

박성익 (2006). 수월성 교육의 개념과 방향. 모든 학생을 위한 수월성 교육.
한국교육개발원.

박영숙 (2010). 한국 수월성 교육의 분석. 박사학위 논문. 전북대학교.

박정 (2008). 교육 맥락적 변인의 능력 집단별 학업성취에의 영향력 분석.
교육평가연구, 21(3), 23-41.

박종필 (2005). 수월성 교육정책의 문제와 발전 방향 탐색: 수월성 개념을
중심으로. 열린교육연구, 13(3), 29-46.

반상진 (2005). 대학교육의 평등성과 수월성. 한국교육학회 추계학술대회자
료집, 55-103.

백병부 (2010). 학습부진 학생에 대한 수준별 하반 편성 및 특별 보충수업
의 교육적 효과. 박사학위 논문. 고려대학교.

사또 마나부 (2011). 아이들을 어떻게 가르칠 것인가. 박찬영 역. 서울: 살
림터.

서근원 (2009). 수업에서의 소외와 실존. 서울: 교육과학사.

서근원 (2012). 학교혁신의 패러독스. 서울: 강현출판사.

서근원 (2012). 학교혁신의 길. 교육인류학의 관점에서. 서울: 강현출판사.

서울대학교 교육연구소 (1994). 교육학 용어사전. 서울: 하우.

서정화 (1985). 대학원교육의 수월성. 홍대논총, 17(1), 513-532.

성기선 (2004). 고등학교 평준화 정책의 효과에 대한 위계적 선형모형 분
석. 교육사회학연구, 14(3), 87-106.

성열관 (2008). 계급화를 넘어 평준화로. 교육비평, 24, 67-84.

성열관·이순철(2012). 혁신학교. 서울: 살림터.

송채정 (2005). 고등학교 교육에서의 평등성과 수월성. 박사학위 논문. 홍
익대학교.

신군자(2004). 청소년위기와 학교의 구조적 혁신과제. 교육사회학연구,
14(3) 133-155.

안병영 (2010). 한국교육정책의 수월성과 형평성의 조화를 위하여. 사회과

학논집, 41(2), 1-13.

안병영·김인희 (2009). 교육복지정책론. 서울: 다산출판사.

양승실 외 (2001). 학교 교육 내실화 방안 연구. 한국교육개발원.

요아힘 바우어 (2009). 학교를 칭찬하라. 이미옥 역. 서울: 궁리.

윤종혁·강영혜 (2003). 고교평준화 정책의 적합성 연구(I). 한국교육개발원.

이광현 (2005). PISA 자료 연구를 통한 평준화 정책의 쟁점 분석. 한국교육, 32(2), 171-193.

이돈희 (1999). 교육정의론. 서울: 교육과학사.

이순실 (2008). 다문화가정 초등학생의 학교생활 적응요인과 학교생활 어려움에 관한 분석. 인제대학교 교육대학원 석사학위 논문. 인제대학교.

이윤미 (2002). 프랑스 중등개혁의 시사점 - 교육의 수월성과 평등성 문제를 중심으로. 한국교육, 29(2), 57-79.

이일용 (2004). 교육경쟁력 강화를 위한 사학운영체제 개선 방안: 자율학교 및 자립형 사립고. 교육행정학연구, 22(2), 135-161.

이정동 (2017). 축적의 길. 서울: 지식노마드.

이혁규 (2013). 수업. 서울: 교육공동체 벗.

이혜영 외 (2001). 중등학교 교사의 생활과 문화. 한국교육개발원.

임연기 (2004). 학교평가문화의 진단과 발전과제 탐색. 교육행정학연구, 22(4) 45-66.

임후남 외 (2015). 아시아 국가 교육지표 분석연구. 한국교육개발원.

정기오 (2005). 교육에서의 정책평가: 교육과정과 장학의 상호관계. 한국교원대학교 교육정책대학원 제3회 교육정책세미나 발표논문, 2005. 11.

정재희 (2009). 교육의 수월성 기사에 대한 비판적 담론 분석. 석사학위 논문. 이화여자대학교.

조석희 (2005). 한국의 수월성 교육 및 영재교육의 발전 방향. 수월성 교육 및 영재교육정책 국제 심포지움(2005. 6. 10, 교육인적자원부, 16개 시도교육청) 발표논문.

조석희 외 (2006). 모든 학생을 위한 수월성 교육. RM 2006-30. 한국교육개발원.

조석희·박성익 (2006). 중학교 수월성 교육정책의 효율적 추진방안. 수월성 교육정책의 효율적 추진방안 정책 세미나(2006. 10. 16, 한국교육개발원) 발표논문.

조한혜정 (2000). 학교를 찾는 아이, 아이를 찾는 사회. 서울: 또 하나의 문화.

조한혜정 (2007). 학교를 거부하는 아이, 아이를 거부하는 사회. 서울: 또 하나의 문화.

주삼환 (1991). 중등교육의 수월성과 교육행정 구조. 교육행정학연구, 8(2), 91-111.

진경애 · 송미영 (2009). 수준별 수업에 따른 학생평가방안. 한국교육과정평가원.

채효정 (2011). 학교가 버린 아이들, 학교를 버린 아이들. 오늘의교육편집위원회 (2011). 교육 불가능의 시대. 서울: 교육공동체 벗.

최용섭 (1984). 교육의 평등성과 수월성. 교육연구, 7, 1-14.

최은순 (2014). 교육의 내재적 관점에서 본 수월성의 의미. 교육철학연구, 36(1), 119-138.

한병철 (2012). 피로 사회. 서울: 문학과 지성사.

한혜정 (2008). 수월성의 교육적 의미. 교육학연구, 46(4), 187-206.

허병기 (2003). 교육조직의 리더십: 교육력과 인간화를 지향하여. 교육행정학연구 21(1). 95-121.

허 숙 (2001). 교육과정의 운영과 교원 능력개발. 한국교원교육연구. 18(3). 45-62.

Cavanaugh. M. (2017). 일분치료법, 경기: True Healing Books.

Combs, A. (1991). 우리가 원하는 학교. 구혜정 역, 서울: 학지사.

Covey, S. (2004). 성공하는 사람들의 7가지 습관. 김경섭 역. 서울: 김영사.

Darling-Hammond, L. (1997). *The right to learn: a blueprint for creating schools that work.* San Francisco: Jossey-Bass.

Deal, T. E & Peterson, K. D. (1999). *Shaping school culture: The heart of leadership.* San Francisco: Jossey-Bass.

Dewey, J. (1916). *Democracy and education.* New York: The Free Press.

Elmore, R. F. (2008). "Leadership as the practice of improvement" In OECD (2008). *Improving school leadership: case studies on system leadership.* vol. 2 pp.37-67.

Evans, R. (1996). *The human side of school change.* San Francisco: Jossey-Bass.

Fishkin, J. (2016). 병목사회. 유강은 역, 서울: 문예출판사 (원저 2014 출판).

Freire, P. (1970). *The pedagogy of the oppressed.* New York: Continuum.

Fromm, E. (1962). 인간소외. 김남석 역. 서울: 을지출판사.

Fuller, F. F.(1969). Concerns of teachers: A developmental conceptualization. *American Educational Research Journal.* 6(2). 207-226.

Fuller, F. F.(1970). *Personalized education for teachers: An introduction for teacher educators.* The University of Texas at Austin. Research and Development Center for Teacher Education.

Gardner, H. (2007). 다중지능. 문용린·유경재 역, 서울: 웅진지식하우스 (원저 1993 출판).

Gardner, J. W. (1961). *Excellence: Can we be equal and excellent too?* New York: Harper Colophon Book.

Gross, M. U. M. (1989). The pursuit of the excellence or the search for intimacy? The forced-choice dilemma of gifted youth. *Roeper Review,* *11*(4), 189-194.

Hall, G. E. & Hord, S. M.(2006). *Implementing change.* Boston: Pearson.

Hargreaves, A. (1994). *Changing teachers, changing times: teachers' work and culture in the postmodern age.* New York: Teachers College Press.

Hargreaves, A. (2003), *Teaching in the knowledge society,* New York: Teachers College Press.

Hargreaves, A. & Fink, D. (2006). *Sustainable leadership.* San Francisco: Jossey-Bass.

Hill, D. (2007). Educational perversion and global neoliberalism. In E. W. Ross & R. Gibson (eds.), *Neoliberalism and educational reform.* New Jersey: Hampton Press.

Hirsch, E. D. Jr. (1996). *The schools we need: And why we don't have them.* New York: Doubleday.

Joyce, V. T. (1997). Excellence as a standard for all education. *Roeper Review, 20*(1), 9-12.

Kahne, J. (1994). Democratic communities, equity, and excellence: A Deweyan reframing of educational policy analysis. *Educational Evaluation and Policy Analysis, 16*(3), 233-248.

Kohn, A. (1999). *The schools our children deserve: Moving beyond traditional classrooms and "tougher standards"*. New York: Houghton Mifflin.

Lortie, D. C. (1975). 교직 사회: 교직과 교사의 삶. 진동섭 역, 서울: 양서원.

Manabu, Sato (2001). 배움으로부터 도주하는 아이들. 손우정·김미란 역 (2005). 서울: 북코리아.

Manabu, Sato (2012). 학교의 도전. 손우정 역. 서울: 우리교육.

Meier, D. & Wood, G. (ed.) (2004). *Many children left behind*. Boston: Beacon Press.

National Commission on Excellence in Education (1983). *A nation at risk: The imperative for education reform*. US Department of Education.

OECD (2000). *The Finnish success in PISA - and some reasons behind it*.

OECD (2006). *Teachers Matter*. 한국교육개발원 역 (2006). 교사가 중요하다. 한국교육개발원.

OECD (2008). *Improving school leadership*. vol. 1, 2.

OECD (2009). *Education at a glance*.

OECD (2013). Are countries moving towards more equitable education systems. PISA in focus 25. 2013/02.

Olson, K. (2009). *Wounded by school*. New York: Teachers College Press.

Pappenheim, F. (1959). 현대인의 소외. 황문수 역(2003). 서울: 문예출판사.

Peterson, K. K. & Lezzote, L. W. (1991). New directions in the effective schools movement. In J. R. Bliss, W. A. Firestone, & C. E. Richards (eds.), *Rethinking effective schools: Research and practice*. Englewood Cliffs, NJ: Prentice-Hall.

Ravitch, D. (2011). 미국의 공교육 개혁, 그 빛과 그림자. 윤재원 역. 서울: 지식의 날개.

Rogers, E. (2005). 개혁의 확산. 김영석 외 역. 서울: 커뮤니케이션북스.

Rogers, C. & Freiberg, H. J. (1994). *Freedom to learn*. New York: Macmillan.

Sahlberg, P. (2011). *Finnish lessons*. New York: Teachers College Press.

Scott, W. R. (1992). *Organizations: rational, natural, and open systems*. Englewood Cliffs, NJ: Prentice Hall.

Seeman, M. (1959). On the meaning of alienation. *American Sociological Review*, 24, pp. 783-791.

Seiji, F. (2008). 핀란드 교육의 성공. 나성은·공영태 역. 서울: 북스힐.

Senge, P. (1994). *The fifth discipline.* New York: Crown Business.

Sergiovanni, T. J., Burlingame, M., Coombs, F. S., & Thurstone, P. W. (1999). *Educational governance and administration(4th Ed.).* Boston: Allyn & Bacon.

Sergiovanni, T. J., Kellerher, P., McCarthy, M. M., & Wirk, F. M. (2004). *Educational governance and administration(5th Ed.).* NY: Pearson.

Silverman, L. (1993). *Counseling the gifted and talented.* Denver, CO: Love Publishing Co.

Strike, K. A. (1985). Is there a conflict bewteen equity and excellence? *Educational Evaluation and Policy Analysis, 7*(4), 409-416.

Tocqueville, A. (1956), *Democracy in America,* New York: Penguin.

Van Tassel-Baska, J. (1997). Excellence as a standard for all education. *Roeper Review, 20*(1), 9-13.

Van Tassel-Baska, J. (2002). Considerations in evaluating gifted programs. *The Communicator, 33*(2), 20-24.

Wenger, E. (1998). *Communities of practice.* New York: Cambridge University Press.

김인희 (金寅熙, Kim Inhee) ───────────────

1960. 8. 1. 서울 출생

✦경력

김인희 교육복지연구소 소장(2019~)
한국교원대학교 교육정책전문대학원 교수(2005~2019)
홍익대학교 교육경영관리대학원 교수(2001~2003)
교육부 사무관, 서기관, 과장(1990~2005) *교육복지정책과장(2004~2005)
충남교육위원회 진흥계장(1986~1989)
행정고등고시 27회 합격(1983)

✦학력

미국 University of Virginia 교육학박사(2003)
서울대학교 대학원 교육학과 졸업(1985)
서울대학교 사범대학 사회교육과 졸업(1983)

✦활동

교육과학기술부 교육정책자문위원(교육복지분과위원장)
교육과학기술부 자체평가위원
서울시교육청 교육복지연구자문위원, 충북교육청 교육복지정책위원
국민고충처리위원회 자문위원(행정문화분과)
재단법인 무지개청소년센터 이사
한국교육행정학회, 한국교원교육학회, 한국교육인류학회, 한국교육정치학회 임원
한국사회정책학회 회원

✦저서

학교교육혁신론. 2008. ㈜한국학술정보
교육복지정책론 (공저, 안병영). 2009. 다산출판사
그들이 아닌 우리를 위한 복지 (공저). 2011. 학지사
한국 교육행정학 연구 핸드북 (공저). 2013. 학지사
교육정책의 역사적 변동과 전망 (공저). 2017. 서울대학교 출판문화원

교육소외 극복을 위한

교육복지와
학교혁신

초판인쇄 2019년 9월 11일
초판발행 2019년 9월 11일

지은이 김인희
펴낸이 채종준
펴낸곳 한국학술정보㈜
주소 경기도 파주시 회동길 230(문발동)
전화 031) 908-3181(대표)
팩스 031) 908-3189
홈페이지 http://ebook.kstudy.com
전자우편 출판사업부 publish@kstudy.com
등록 제일산-115호(2000. 6. 19)

ISBN 978-89-268-9570-2 93370